SOUVENIRS

D'UN

AUMONIER PROTESTANT

AU

CAMP FRANÇAIS DEVANT SÉBASTOPOL

STRASBOURG, IMPRIMERIE DE VEUVE BERGER-LEVRAULT

LE PRESBYTÈRE ET LA CHAPELLE DES AUMONIERS PROTESTANTS AU QUARTIER GÉNÉRAL. P. 108.

SOUVENIRS

D'UN

AUMONIER PROTESTANT

AU

CAMP FRANÇAIS DEVANT SÉBASTOPOL

PAR

MAX REICHARD

TRADUIT DE L'ALLEMAND PAR CAMILLE SELDEN

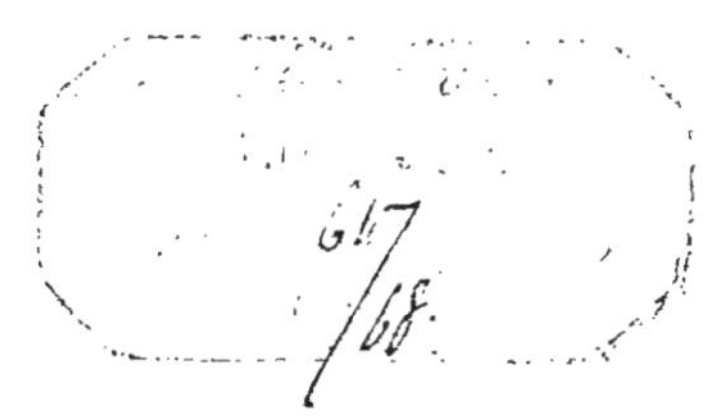

PARIS

VEUVE BERGER-LEVRAULT ET FILS, LIBRAIRES-ÉDITEURS

5, RUE DES BEAUX-ARTS

MÊME MAISON A STRASBOURG

1869

SOUVENIRS

D'UN

AUMONIER PROTESTANT

AU

CAMP FRANÇAIS DEVANT SÉBASTOPOL

(1855-1856)

CHAPITRE PREMIER.

Le voyage.

Je me trouvais à bord du *Simoïs*. Cet élégant vapeur des messageries impériales frappait, par sa fière allure, entre des milliers de navires de toute grandeur et de toute forme; il s'apprêtait à partir pour Constantinople, et le canot du capitaine approchait, chargé de dépêches.

Le signal du départ retentit, on enlève le ponton, la machine remue ses grands bras d'acier, le puissant bâtiment s'ébranle, vacille jusque dans ses fondements et quitte majestueusement le port.

1

Je voguais entre le ciel et l'océan, séparé seulement de l'insondable abîme par les flancs fragiles du navire. C'était mon premier voyage sur mer; et le *Simoïs*, qui m'amenait sur le théâtre de la guerre, en Crimée, y transportait un petit nombre de passagers et un détachement de quatre cents chasseurs à pied.

L'Église évangélique de France m'avait envoyé vers eux et leurs frères d'armes, afin de leur annoncer, en commun avec quelques autres ministres, la parole de l'Évangile et de les assister dans la maladie et dans la mort.

J'échangeais une vie paisible contre des fonctions à demi guerrières, et mes compagnons de traversée me firent pressentir ce qui m'attendait. Tout autour de moi, des soldats à l'air éveillé, fils du Midi, campaient sur le pont, jouaient, chantaient, dormaient, contaient des récits du passé, formaient des projets d'avenir. Plusieurs lisaient le Nouveau Testament; je les crus protestants, et leur demandai ce qu'ils lisaient.

— Oh! me répondit l'un d'eux, un beau petit livre; je le tiens d'un monsieur étranger qui est venu visiter le navire à Marseille.

Ces paroles me rappelèrent la sollicitude ordinaire de la Société biblique; ses colporteurs avaient reçu l'ordre de monter sur chaque navire en partance, afin d'offrir des Nouveaux Testaments aux officiers et aux soldats.

Outre ces soldats, presque tous Corses, le *Simoïs* comptait encore parmi ses passagers plusieurs officiers français et anglais, puis des marchands attirés par l'appât du gain énorme qu'offre toute opération commerciale entreprise sur le théâtre de la guerre.

Je ne saurais oublier le premier soir de mon voyage, qui ne cessa, au reste, d'être favorisé du plus beau temps. Cette journée de dimanche avait été magnifique, les fraîches brises de la mer avaient adouci les ardeurs du soleil méridional. Les soldats étaient étendus sur le pont et chantaient, au bruit cadencé des vagues, leurs mélodies corses, monotones et mélancoliques; sur la dunette allaient et venaient les passagers; ici le charmant idiome de la Grèce résonnait sur les lèvres d'une belle Athénienne; là quelques jeunes gens causaient vivement en français; dans un angle se tenaient silencieusement des Anglais, abrités dans leurs manteaux contre les brises nocturnes, car le soleil, sur son déclin, inondait l'immensité et la teignait de reflets pourpres.

Le crépuscule dura peu, la nuit descendit rapidement et nous enveloppa bientôt de ses voiles.

Cependant les flots, comme le navire, s'éclairèrent d'une lueur féerique, et nous vîmes surgir une étoile admirablement belle.

L'étrange clarté devenait de plus en plus vive; nous ne sûmes tout d'abord à quoi l'attribuer; peu à peu la pleine lune éleva lentement son globe de pourpre, et l'astre, tout à l'heure si brillant, de s'effacer et de pâlir. A cet aspect, les groupes se turent. Un cri d'admiration sortit des lèvres de tous; seuls le clapotement des roues dans les flots et le léger balancement du navire révélaient la vie et le mouvement. L'apparition lointaine d'un volcan, dont le cratère ouvert lançait des langues de feu, ajoutait encore à l'imposante beauté de ce spectacle.

Nous côtoyâmes sans accident les écueils sur lesquels avait récemment péri la grande frégate *la Sémillante*, portant quatre cents hommes. Passant par Charybde et Scylla, nous entrâmes dans le port de Messine, où le *Simoïs* fit sa première halte. Le caractère des populations méridionales se manifeste déjà à Marseille; les vêtements bariolés, les visages hâlés par le soleil, les nombreux mendiants dont la vie semble s'écouler dans la rue, tout y indique d'autres usages et d'autres mœurs. Ces choses nous frappèrent plus encore à Messine, ville magnifiquement située, où nous nous arrêtâmes quelques heures. Le soleil levant éclairait les côtes de la Sicile, dorant toute une longue perspective de blanches villas et de coteaux fertiles.

J'admirai pour la première fois ces églises d'Italie, toutes de marbre; surtout une cathédrale construite dans le style des basiliques, et dont la coupole se détachait étincelante sur l'azur profond du ciel. Quel contraste avec l'aspect de la ville! Auprès du prêtre à la démarche superbe, le peuple misérable; devant les splendides habitations, des monceaux d'ordures. Les mendiants nous poursuivaient avec une rare effronterie. On souffre de voir ces beaux échantillons de la race humaine s'avilir de la sorte, se traîner aux pieds des gens, s'accrocher aux vêtements du passant pour lui arracher une misérable pièce de monnaie. Ces mendiants, accompagnés d'une troupe d'enfants estropiés, nous poursuivaient dans de petites nacelles, et nos aumônes provoquaient entre eux des luttes sanglantes. Vraiment ce peuple doit être dépouillé de tout sentiment d'honneur, car un pays qui fut autrefois le grenier d'abondance de Rome, devrait bien encore pouvoir nourrir ses enfants.

Que l'Esprit de Dieu se répande de nouveau sur cette belle Sicile, et son peuple vigoureux sortira du profond abaissement où il languit depuis des siècles.

Nous côtoyâmes Reggio, où débarqua jadis saint Paul. Les côtes siciliennes étaient devenues invisibles; mais l'Etna, de loin, nous montrait encore son front majestueux et ses hautes cimes neigeuses.

Un salut touchant nous attendait à la pointe méridionale de la Grèce, que nous atteignîmes le 3 août. A l'extrémité du promontoire de Matapan s'élève un antique ermitage. Chaque fois qu'un navire passe, l'ermite sort de sa cabane et bénit le vaisseau de ses mains étendues. Il fit de même pour nous, et sa bénédiction me parut de bon augure. Ce temps splendide, ce ciel sans nuages nous permettait d'apercevoir les côtes dentelées de la Grèce et les innombrables îlots de l'archipel, lieux dont les noms subsistent irrévocablement liés à des souvenirs mythologiques, historiques ou bibliques. Qui pourrait contempler sans émotion le lointain sommet du mont Ida, Milo, la patrie de la plus belle des statues, et la triste Chios, éprouvée par tant de souffrances!

L'émotion s'accroît encore quand l'horizon vaporeux peu à peu se déchire pour laisser entrevoir une longue chaîne de montagnes. Un pic audacieux la termine. L'œil y découvre des ruines gigantesques, et à ses pieds paraît une ville, Athènes, dominée par l'Acropole!

Notre navire entre dans le large bassin qui commande la mer Égée; à gauche paraît Salamis avec son golfe, devant nous est le Pirée; on jette l'ancre, et nous nous hâtons de débarquer.

Avant même d'avoir posé le pied sur la terre ferme, nous nous voyons entourés d'une masse compacte d'Athéniens. Tous portent le fez rouge à la houppe bleu foncé; tous s'enveloppent, de la façon la plus gracieuse, dans la *fustanella* en fine laine blanche : avec leurs tuniques drapées, leurs brodequins en forme de cothurnes, ces descendants de Périclès et d'Alcibiade aux traits classiques, au langage sonore, me semblent le peuple le plus séduisant du monde. Malheureusement cette impression ne tarde point à s'effacer, et la manière dont la moderne Athènes reçoit aujourd'hui l'étranger, jadis si honoré dans ses murs, y contribue pour beaucoup. Le souvenir de l'hospitalité athénienne ne doit pas, toutefois, occuper ici plus de place que celui des mendiants et des voleurs, des hôteliers et des cochers qui mettent à la plus rude épreuve, entre le Pirée et la ville, la patience du voyageur pressé d'avancer.

Enfin nous atteignons la ville, et gravissons les

pentes abruptes de l'Acropole. Comment oublier le tableau qui s'étala devant mon regard?

A mes pieds, la ville avec ses ruines; devant moi, l'Aréopage; plus loin les hauteurs tant célébrées du mont Hymète; plus loin encore la mer, l'azur incommensurable. Partout les débris gigantesques de l'art grec à son âge d'or : ici, les colonnes de marbre des Propylées, s'élançant jusqu'aux nues; là, les nobles débris du Parthénon; à gauche, le théâtre, où furent représentés *Antigone*, *Œdipe*, les *Nuées;* à droite, le temple de Thésée qui, bien que mutilé par les boulets vénitiens, est resté debout; derrière moi les seize colonnes corinthiennes du plus beau de tous les temples grecs, celui de Jupiter Olympien.

Un autre objet attira mes regards; c'était le célèbre fragment du temple d'Erechthée, supporté par six cariatides d'une beauté incomparable. Le vandalisme a respecté une seule de ces vierges; mais, hélas! elle est en plâtre. L'original de cette statue trône depuis longtemps au Musée britannique, où lord Elgin l'a fait transporter à la fin du siècle dernier. La légende raconte que les vierges de pierre, privées de leur sœur, entonnèrent une hymne de deuil.

L'Aréopage me rappela involontairement cette

ATHÈNES.

P. 9.

parole de l'Évangile : « Retire tes sandales, car tu foules une terre sacrée. » — En effet, saint Paul est venu là pour annoncer le Dieu inconnu aux Athéniens. Cette fois, je trouvai un sens tout nouveau à ses paroles. Où son discours, au reste, pouvait-il être mieux entendu que sous ce ciel magnifique, au milieu de cet admirable paysage?

Un dernier coup d'œil à ces ruines colossales, à ces colonnes de marbre renversées sur le sol, et nous nous hâtons de redescendre au Pirée.

Que la moderne Athènes nous parut misérable! Nous aurions voulu pouvoir fermer les yeux, oublier qu'elle s'appelle Athènes, et que sur les enseignes de ses tristes cabanes et de ses auberges malpropres, on peut lire parfois les noms de Miltiade et d'Aristide. Au moment où nous passâmes devant le tombeau de Socrate, le soleil descendit à l'horizon : l'Acropole, qui domine la route, parut derrière nous, vision glorieuse sur laquelle nos yeux demeurèrent attachés jusqu'à ce que le crépuscule l'eût enveloppée de ses voiles.

Nous remontâmes à bord. La mer, polie comme un miroir, avait des reflets d'argent; les vagues légères et phosphorescentes venaient se briser en perles d'écume contre les flancs du navire et répandre des gerbes de lumière sur l'immense plaine liquide. Mais comment oser parler de la mer de Grèce, après tous ceux qui l'ont décrite et chantée?

D'ailleurs les paroles sont impuissantes, et les peintures seules de Rottmann à Munich en peuvent faire pressentir la beauté. L'admirable coup d'œil que celui de ces îles aux couleurs éclatantes, dispersées dans cette mer d'azur! De loin l'œil ne distingue qu'un rocher nu, abrupt, calciné par le soleil; quelques tours de roues et le regard plonge dans de vertes vallées d'où s'exhalent les plus suaves parfums. On voudrait s'arrêter à chacune de ces îles aux noms harmonieux, rechercher les traces de tout ce passé classique, tantôt sur le sol de Mitylène et tantôt sur celui de Lemnos. Nous passâmes le soir entre Ténédos et la terre ferme, et vîmes les « champs où fut Troie! » Le proche voisinage de la côte asiatique nous permettait de distinguer dans le crépuscule les contours des tombeaux où, suivant la légende, reposent ces héros dont la fidélité à l'amitié m'avait, dès ma jeunesse, inspiré le plus ardent enthousiasme, les tombeaux d'Achille et de Patrocle!

Soudain une lueur rougeâtre illumine la rive troyenne; est-ce une illusion, un météore étrange? La sinistre clarté s'accroît : la rive, sur une étendue de près d'une lieue, semble border une mer de flammes. Tel devait être son aspect dans cette nuit de deuil où se réalisèrent les prédictions de Cassandre, où Énée prit la fuite avec les siens, où les gémissements retentirent au loin sur les victimes tombées à Ilium.

Ce magnifique spectacle arracha des cris d'admiration aux plus rudes soldats et me remua jusqu'au fond de l'âme. Les mystérieuses rougeurs nous accompagnèrent jusqu'aux Dardanelles, et longtemps encore mon imagination surexcitée me représenta Troie livrée aux flammes. Des passagers mieux instruits voulurent, à mon grand déplaisir, éclaircir la chose, et nous apprirent que les indigènes avaient coutume de mettre le feu aux chaumes après la moisson, afin de s'épargner la peine de fumer les terres.

Le 6 août au matin, nous vîmes, à l'entrée de la mer de Marmara, la première ville turque, Gallipoli, au gracieux aspect. En onze heures de temps le *Simoïs* eut franchi cette mer aux charmants îlots; nous traversâmes rapidement ses flots d'un vert étincelant et ne tardâmes pas à apercevoir, noyée dans la splendeur du soleil couchant, la reine de l'Orient, l'antique ville impériale de Constantin.

Peu avant, j'avais vu à l'Exposition de Paris le

célèbre tableau de Gudin, représentant la rade de Constantinople. Les ravissants effets de lumière, la richesse du coloris, la transparence nacrée des tons m'avaient ébloui, fasciné! Mais combien cette impression s'effaçait devant la réalité animée et vivante!

A droite, au premier plan, et comme noyés dans des vapeurs nocturnes, surgissaient de gigantesques rochers; plus loin, à gauche, s'élevait en terrasse la ville immense; les blanches coupoles des mosquées et les hauts minarets se détachaient sur les masses sombres; à l'arrière-plan apparaissaient les côtes d'Asie et le riant Scutari.

Le navire côtoie la vieille ville, le vrai Stamboul turc, qui s'étage aux flancs des collines; celles-ci sont couronnées par les vastes champs du repos, dont les cyprès gigantesques ajoutent un trait de plus au caractère tout particulier du paysage. Sur la mer s'élève le vieux Sérail avec ses jardins embaumés; le bâtiment passe sous ses sombres murailles et entre dans la Corne d'or.

Cette baie, le plus beau port de mer du monde, sépare Stamboul des faubourgs de Péra, de Galata et de Tophana; ceux-ci, sur les rives du Bosphore, viennent, à leur tour, s'étaler devant le regard ébloui; et l'on ne tarde pas à comprendre com-

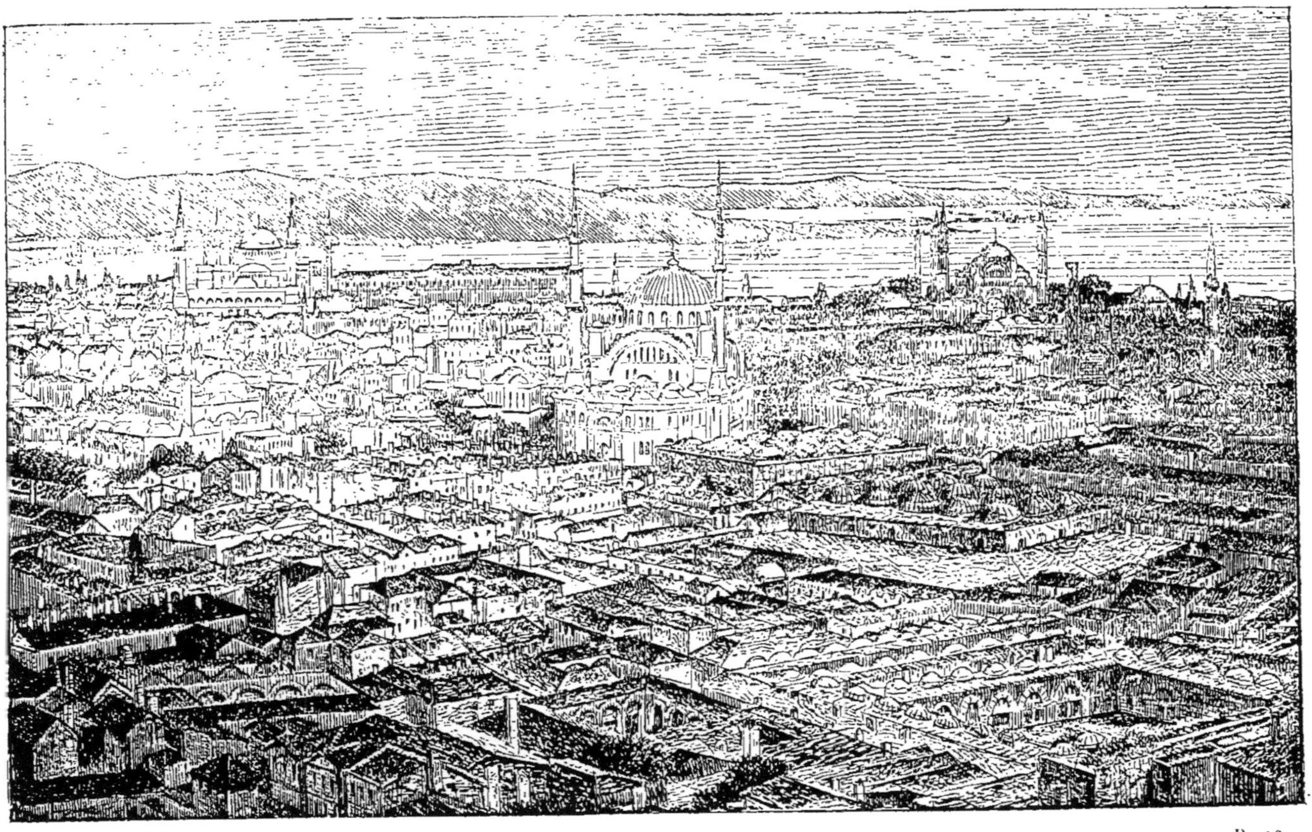

CONSTANTINOPLE.

P. 12.

ment une ville qui commande trois mers a acquis droit de souveraineté sur l'Orient.

Enfin le *Simoïs* trouve à aborder au milieu des vaisseaux de toute nation qui se pressent dans le port. Ce fut la dernière nuit que je passai à bord; le lendemain matin, un de mes collègues, accompagné d'un interprète, vint me prendre dans un caïque turc. Ce collègue était Henri Babut, qui devait, plus tard, devenir mon compagnon inséparable.

Nous fîmes preuve d'adresse et parvînmes à gagner terre sans rien perdre de nos bagages, ni même tomber à l'eau, accident considéré ici comme insignifiant.

A peine débarqué, je me sentis fort désillusionné sur le compte de cette ville, si poétique à distance. Impossible de se figurer la malpropreté de ses rues. Il n'avait pas plu depuis deux mois, et pourtant, après un quart d'heure de marche, j'étais couvert de boue de la tête aux pieds. Ce n'était rien auprès de tout ce qui m'attendait encore, avant de parvenir à retirer des griffes de la douane mes six grosses caisses de voyage, où se trouvaient beaucoup de provisions à l'usage des aumôniers.

Chez nous, dans nos pays civilisés, on fronce involontairement le sourcil quand le douanier, s'apprêtant à visiter vos malles, vous demande:

« N'avez-vous rien à déclarer? » Imaginez, d'après cela, l'effet d'une question semblable en langue turque, faite par un vrai Turc, qui vous regarde d'un air farouche, au milieu de gens dont il est impossible de se faire comprendre et que l'on comprend moins encore.

Des commissionnaires aux mains crasseuses s'emparent de nos bagages. Malgré toutes mes protestations, malgré le mot « *fragile* » écrit en lettres gigantesques, ils les jettent pêle-mêle avec cent autres caisses, tonnes et ballots de marchandises, sous un misérable hangar, fastueusement décoré du nom de Douane. Les voilà casés. Quant à nous, nous ne bougeons pas, résolus de surveiller notre bien jusqu'à ce qu'on nous le rende. Nous attendons, nous attendons encore; enfin un employé s'efforce de nous faire comprendre, à l'aide d'un interprète, qu'il faut une autorisation spéciale de l'intendance française pour retirer nos bagages.

Cet épisode n'ajouta point, je l'avoue, à mon enthousiasme pour nos alliés mahométans; le bureau de la douane se dressait devant mon imagination comme une vraie caverne de voleurs, et c'est sous l'impression de ces pensées que je gravis la pente abrupte de la rue de Péra.

A peine eus-je salué mes collègues à l'*Hôtel des Ambassadeurs*, qu'un orage, comme je n'en avais jamais vu, fondit sur Constantinople. Les rues se transformèrent en torrents impétueux; manteaux et parapluies devinrent inutiles; il me fallut, bon gré mal gré, laisser mon bien à la douane et attendre le lendemain pour y retourner. Les éclairs et le tonnerre me tinrent éveillé toute la nuit; mes pensées se reportèrent souvent sur le misérable hangar de planches, abri bien insuffisant pour mes bagages contre l'orage. En même temps mon cœur débordait de gratitude envers Dieu, qui avait retenu la tempête jusqu'au moment de mon arrivée. Dans cette nuit, la foudre frappa plus d'un navire amarré dans le port ou égaré sur la mer de Marmara.

Le lendemain matin, aussitôt que le temps le permit, je me dirigeai vers les bâtiments de la douane.

Messieurs les employés reposaient sur leurs divans, les jambes croisées, le chibouque aux lèvres, dans une attitude de flegme parfait; ils allaient se mettre à table. C'était une heure de plus à attendre parmi le va-et-vient des commissionnaires et les nuées d'insectes dévorateurs.

Cependant la porte s'ouvrit, et nous ne retrouvâmes qu'avec peine nos bagages entassés pêle-mêle; ensuite il nous fallut attendre qu'il plût à l'un de ces messieurs d'autoriser la visite. Enfin voilà nos six caisses réunies sur le sol, et l'opération irritante de la visite commence. Les objets soigneusement arrangés et empaquetés par des mains maternelles, ces barbares les jettent dehors, pêle-mêle, en dépit de mes protestations de *bono Francis* et des piastres que je fais reluire. Ils palpent tout avec leurs doigts sales et retournent vingt fois chaque objet. Les vêtements sont soumis à une perquisition rigoureuse; le filtre à café donne beaucoup à réfléchir; mais ce qui leur paraît le plus suspect, ce sont mes livres qu'il me faut déballer et soumettre un à un à leur contrôle. Ils examinent une *Confession d'Augsbourg* et un recueil de *Cantiques*, les tenant à l'envers et les feuillettant à rebours; puis ils les emportent pour les montrer à un de leurs collègues qui lit le français. L'instant d'après, ils reviennent, et, d'un air d'importance, demandent le nombre de mes livres; j'en déclare à peu près cent; là-dessus un inspecteur, sans quitter son chibouque, griffonne quelques bâtons sur un chiffon de papier, et, en vertu de ce savant compte, réclame 40 piastres. Au moment de sortir, on m'en demande 20 autres pour m'ouvrir la porte de ce lieu enchanteur. Je donne de grand cœur cette rançon (environ 15 fr.) et m'empresse de faire enlever mes caisses heureusement sauvées. Ces formalités m'avaient pris toute une journée, et le soir était venu lorsque je remontai la rue de Péra.

Les aumôniers évangéliques habitaient l'*Hôtel des Ambassadeurs,* maison nouvellement construite, et qui dominait tout le quartier. De la terrasse le regard embrassait le plus magnifique tableau ; on voyait à la fois le Bosphore, la mer de Marmara, les côtes de l'Asie Mineure et l'Olympe de Bithynie. Les aubergistes grecs nous entouraient de soins, et peu de jours suffirent pour me remettre de mes fatigues.

La mission des aumôniers protestants à l'armée d'Orient était due à une décision spontanée de l'Église évangélique de France. Jusque-là on ne s'était point encore occupé du sort des protestants partis pour l'armée ; ils manquaient, blessés ou mourants, de toute assistance spirituelle. La campagne d'Orient avait enlevé nombre de soldats à leurs foyers, et beaucoup d'âmes chrétiennes manifestèrent le souhait de voir participer leurs frères éloignés aux consolations de l'Évangile.

On désigna, à cet effet, un comité choisi parmi les membres des deux églises évangéliques; ce comité se chargea d'organiser la mission, l'appuya très-chaudement auprès du gouvernement et obtint enfin la permission d'envoyer des aumôniers sur le théâtre de la guerre, à la condition que l'Église supporterait les frais de l'entreprise. En retour, le gouvernement accorda aux aumôniers le voyage gratuit et les rations de capitaine. L'âme de l'entreprise fut le vénérable pasteur Vallette, de Paris, qui, avec une charité et un dévouement infatigables, surveilla l'équipement et le départ des aumôniers, et ne cessa, durant toute la guerre, de les assister des conseils de son expérience.

Une collecte avait été organisée parmi les protestants; cette collecte fut abondante, et, dès la fin de l'année 1854, deux ministres partirent pour fonder dans l'armée française la mission des aumôniers protestants.

Ils se rendirent d'abord à Constantinople, où l'on s'empressait de faire transporter les blessés et les malades, afin de les mieux soigner. Ils étaient répartis entre douze hôpitaux dont chacun contenait environ 1,200 malades; c'est dans cette moyenne de malades que les aumôniers avaient à rechercher les protestants.

Jamais, à l'arrivée des malades, la moindre question sur leur religion ou leur confession de foi; le personnel des hôpitaux ne s'en inquiétait guère et ne pouvait donner aux ministres aucun renseignement sur ce point. Faute de renseignement, il leur fallait parcourir chaque jour les vastes salles en répétant à haute voix : « Mes amis, y a-t-il parmi vous des protestants? » — Une autre circonstance vint encore, au début, compliquer ces recherches. Maint pauvre malade hésitait à confesser sa foi, de peur que cet aveu ne lui retirât la bienveillance des sœurs de charité, chargées du soin des malades.

Enfin, grâce à l'infatigable énergie du pasteur Frossard et de son zélé confrère, Alexandre Röhrig, de Strasbourg, qui s'occupait surtout des protestants Alsaciens et des Allemands, on réussit à en découvrir une centaine. On les visita au moins une fois par semaine et leur donna, par le ministère des aumôniers, tous les soins matériels et spirituels dont ils pouvaient avoir besoin.

Une œuvre non moins intéressante et qui dure encore aujourd'hui, vint bientôt s'adjoindre à la première. Le jardin de l'ambassade hollandaise à Constantinople renferme une antique chapelle, bâtie dans le style des églises des Cévennes; elle a été élevée par des émigrés français qui, après la révocation de l'édit de Nantes, étaient allés chercher une nouvelle patrie en Orient.

Cette petite communauté française avait eu, pendant un certain nombre d'années, son propre pasteur, mais elle se dispersa avec le temps, et la jolie chapelle devint un magasin, tandis que les protestants français vivant à Constantinople restèrent la plupart du temps sans direction spirituelle. Ce fut donc avec une vive joie que M. Zuylen van Nywelt, ambassadeur de Hollande, accueillit l'arrivée des pasteurs français et s'associa à eux pour reconstituer la communauté évangélique française. L'antique petite église fut réparée, et en 1855, le jour de Pâques, M. le pasteur Frossard procéda à sa bénédiction. Le même jour, on y célébra la Sainte-Cène. Les vases sacrés dont on se servit pour cette cérémonie portent la date de 1673 : ils avaient été offerts par Pierre Yunker, pieux huguenot, et, après de longues années, reparaissaient pour la première fois sur la sainte table. La communauté française célébra avec émotion cette fête de Pâques, qui devint ainsi pour elle une véritable fête de résurrection spirituelle. Cette communauté, confiée aux soins d'un pasteur, continue à subsister sous la haute protection du gouvernement hollandais.

Le courageux pasteur Frossard se transporta ensuite sur le théâtre même de la guerre, et y campa un mois au plus fort des tempêtes de mars. Partout il rencontra un accueil bienveillant, et gagna à son entreprise les sympathies de tous les chefs.

Après lui vint Chardon, un jeune ministre du Midi, homme plein d'ardeur et qui passait ses jours et ses nuits au chevet des blessés, alors fort nombreux. Röhrig, après le retour de M. Frossard, quitta également Constantinople pour rejoindre l'armée en Crimée; mais le vaillant Chardon ne devait accomplir que peu de temps sa tâche quotidienne de dévouement. Dans les premiers jours de mai, comme le pasteur Frossard allait quitter la capitale turque pour venir retrouver ses paroissiens de France, il reçut d'Alexandre Röhrig la lettre suivante:

« Notre frère a été rappelé ce soir par le Seïgneur. Depuis quelques jours, il gardait le lit, accablé par une forte fièvre. Les médecins ne témoignant aucune inquiétude, je n'hésitais pas à le quitter pour me rendre aux ambulances. Ce matin même j'allai où je me croyais appelé par mon devoir. Quel déchirement quand, à mon retour, je retrouvai notre pauvre ami agonisant! Il ne m'entendait plus, ne me reconnaissait plus, ne respirait qu'à grand'peine et frissonnait comme agité par des tressaillements convulsifs.

« Je courus chercher le médecin; hélas! sa présence ne fit que confirmer mes craintes.

« Tandis que, penché sur lui, j'épiais son souffle, il s'arrêta tout à coup; c'était fini. Je l'aimais, ce pauvre Chardon; des soins et des soucis communs me l'avaient rendu cher; il m'avait fidèlement soigné dans une légère indisposition; il était devenu pour moi, par son dévouement et par sa prudence, un guide et un modèle. Puissent les larmes que sa mort nous coûte, faire fructifier notre jeune mission! Quelle est l'œuvre charitable qui n'a pas coûté des sacrifices? Puisse la nôtre réussir d'autant mieux qu'elle nous coûte plus cher! »

Ce jeune serviteur du Christ fut enterré parmi les braves tombés sur le champ de bataille. Dès les premiers jours la mort éclaircissait ainsi nos rangs. Le pasteur Frossard avait été obligé de retourner à sa paroisse, et un nouvel appel fut adressé aux ministres des églises réformées et luthériennes.

J'étais l'un des six jeunes théologiens qui répondirent à cet appel et quittai, comme eux, mon pays en juillet 1855 pour aller, avec l'aide de

Dieu, accomplir ma mission de charité. De nombreuses bénédictions m'accompagnaient. Je manquais absolument d'expérience et pouvais croire que l'on me permettrait de faire mon stage d'apprentissage à Constantinople; mais les circonstances en décidèrent autrement. A peine étais-je arrivé, que les deux aumôniers qui se trouvaient au camp devant Sébastopol, incapables de suffire à l'excès de besogne, réclamèrent du secours. On décida que j'irais les rejoindre. Nous unîmes nos prières, mes collègues et moi, et demandâmes à Dieu de protéger notre sainte cause.

Je m'embarquai sur l'*Amsterdam* le 13 août, par un temps magnifique. Les pittoresques rivages du Bosphore, dorés par un soleil méridional, s'étalaient ornés de leurs innombrables villas, de leurs jardins embaumés, de leurs bosquets de cyprès et de leurs poétiques cimetières. Un orage avait, la veille, rafraîchi et purifié l'air; je me promenais gaiement sur le pont, en compagnie de plusieurs officiers fort aimables; un harmonieux piano nous envoyait du salon ses notes sonores; bref, une belle soirée nous donnait à tous l'espoir d'une traversée heureuse et courte. Mais nous n'avions encore franchi que le Bosphore et nous entrions seulement dans l'Euxin, dont nous devions éprouver, à notre tour, le caractère inhospitalier. La mer ne tarda pas à devenir houleuse, le tangage de plus en plus fort. Mon cœur commença à se soulever, et je n'entendis plus qu'à demi les paroles d'une femme de service qui, disait-elle, avait soigné peu de jours avant le maréchal Canrobert, attaqué du même mal. Elle me prépara obligeamment le lit même qui avait servi au maréchal, me fit boire du thé, alla me chercher les plus savoureux raisins et les plus délicieuses oranges; mais comment combattre le mal de mer? L'énergie avec laquelle je jouais du piano ne parvint pas à le chasser. Il fallut m'étendre sur le lit, et, en peu de temps, toutes mes pensées prirent un caractère mélancolique. Les vagues étaient d'un gris terne, et le soleil voilé par un brouillard épais. Il s'en fallut de peu que l'*Amsterdam* n'eût le sort d'un bâtiment qui, ayant entrepris la traversée par un temps semblable, avait été porté jusque sous le canon du fort russe Constantin et coulé à fond par ses boulets.

Le bruit de la canonnade vint, dans la matinée du troisième jour, nous avertir du dangereux voisinage de la ville assiégée, et notre vaisseau s'en éloigna au plus vite. Vers midi, nous abordâmes dans la baie de Kamiesch; même peine pour débarquer mes six caisses. Faute de moyens de transport, je dus les laisser là et renoncer à les faire porter au quartier général.

Nous reçûmes, en guise de bienvenue, la nouvelle d'un engagement très-sérieux sur les bords de la Tschernaya. Je me hâtai de me diriger à pied vers le quartier général, où se trouvait l'habitation de mes collègues. J'étais en société d'un de mes compagnons de traversée qui se rendait au camp dans le même but que moi : c'était un prêtre champenois, un brave homme de curé qui, soudainement arraché au calme d'une vie champêtre, s'apprêtait, toujours comme moi, à débuter dans la vie d'aumônier. Le mal de mer nous avait ôté toute envie de faire de la controverse, et nous achevâmes en excellents amis les deux lieues qui nous restaient à faire pour atteindre le grand quartier général. En attendant, le soleil dardait de brûlants rayons sur le chemin poudreux jadis foulé par Oreste et Pylade.

Mon brave compagnon me parut peu au courant de l'histoire de ces deux amis. J'avais hasardé je ne sais quel rapprochement entre leur voyage en Crimée et le nôtre. Tout à coup, m'interrompant, il s'écria : « Pilate! Pilate! Est-ce qu'il est venu aussi en Crimée? — J'ai vu ses reliques à Vienne. » Je le laissai conter la surprenante histoire du gouverneur romain. Un artilleur, qui nous recueillit sur son fourgon, interrompit ce récit; pas moyen de causer sur un aussi bruyant véhicule.

Nos chemins se séparèrent au quartier général: mon compagnon se rendait chez le père Parabère, son supérieur, tandis que je me dirigeais vers la tente des aumôniers évangéliques. Leur recherche me valut une aventure assez plaisante.

Une sentinelle que je questionnai, me désigna une tente située dans les dépendances du quartier général; ravi d'avoir trouvé l'habitation de mes confrères, je me débarrassai de mon sac de nuit et me disposai à changer de vêtement. Le mobilier se composait d'un lit de camp très-bas, de deux escabeaux, d'une petite table, d'une planche couverte de manuscrits et de livres. Je me lavai avec de l'eau fraîche et m'étendis sur le lit en attendant le retour des aumôniers, encore absents pour plusieurs heures.

Mais je ne pus m'endormir; je voulus lire et étendis le bras vers la table. Elle était couverte de numéros des *Annales de la propagation de la foi*. Sur le rayon aux livres, cependant, on ne voyait que bréviaires, paroissiens, livres de prière et autres publications catholiques.

« Que font-ils donc de tout cela? » me demandai-je un peu troublé.

A vrai dire, je pressentais quelque méprise. N'avais-je pas, par mégarde, usurpé un terrain sur lequel je n'avais aucun droit? Je m'empressai de vider la place, et tâchai d'obtenir un renseignement précis. Un officier qui passait me dit : « Ici demeure un aumônier catholique alsacien; les protestants logent de l'autre côté du grand quartier général. » Je remerciai et saluai, honteux comme si j'avais commis une mauvaise action.

Je trouvai sans peine l'établissement de mes collègues. Leurs trois ordonnances, prévenues de mon arrivée, me reçurent avec des démonstrations de joie. Peu après, mes collègues rentrèrent; ils revenaient des hauteurs de Traktir, où la bataille avait eu lieu. Puis ce furent des embrassements, des épanchements de cœur; on parla du pays, des absents jusque bien avant dans la soirée. Cependant la nuit vint avec sa tranquillité solennelle, et j'allai me reposer.

CHAPITRE II.

Entrée en fonctions.

Quel gîte que celui d'où le soir même j'écrivis à mes parents les lignes suivantes :

« Deux mots seulement, mes bien-aimés, pour vous mettre au courant de ma vie actuelle. J'arrive et commence dès demain mes fonctions d'aumônier.

« Je vous écris sur ma valise, à la lumière d'une bougie fixée sur le goulot d'une bouteille. Au loin gronde incessamment le canon, dernier épisode de la bataille livrée aujourd'hui. Ses sanglants effets ne seront que trop visibles demain dans les ambulances. C'est aujourd'hui le 16 août. L'an dernier, à pareil jour, j'étais dans les délicieuses vallées de la Forêt-Noire!

« Une cabane en planches, à peu près semblable à celles où, chez nous, les cantonniers viennent s'abriter contre l'ouragan, me sert de logis; impossible de s'y tenir debout et d'y entrer sans se baisser. Quant à mon lit, imaginez un mince matelas étendu sur une table. Malgré tout, je vous envoie un joyeux bonsoir.

« Dieu vous garde, ainsi que votre fils! »

Ma lumière à peine éteinte, je m'aperçus que je partageais mon logis avec des hôtes importuns. De monstrueux rats s'ébattaient bruyamment, sautaient sur mon lit, sur mes mains et sur ma figure. Je m'armai de ma cravache et passai les longues heures de la nuit à les tenir à distance.

Derrière ma maisonnette, un cheval au piquet frappait du pied, et ses hennissements provoquaient ceux de cent autres chevaux campés en plein air.

Les grondements du canon, le qui-vive des patrouilles m'empêchèrent de dormir, et comme, vaincu par la fatigue, j'allais enfin fermer les yeux, les trompettes sonnèrent la diane aux quatre coins du quartier général et tout s'anima autour de ma hutte. Je fis comme les autres et vis le soleil se lever sur tout ce tumulte de guerre.

C'était un tableau des plus pittoresques. Tentes et baraques s'alignaient en rues irrégulières, le tout construit selon les besoins du moment. On eût dit quelque immense champ de foire auquel viendraient sans cesse s'ajouter des constructions nouvelles. Les habitations des officiers supérieurs étaient entourées de petits jardinets remplis des plus belles fleurs et pourvus de tonnelles qui servaient de salle à manger à ces messieurs. L'esprit inventif des soldats français se manifestait dans les embellissements apportés à ces demeures, et les clôtures se dissimulaient sous des ornements construits avec des boulets et autres trophées. Mais le plus bel ornement du quartier général consistait en un magnifique acacia placé devant la tente du général en chef, et le seul arbre qui eût été épargné sur toute la superficie du camp. Trois télégraphes aériens, placés sur un mamelon au centre du camp, agitaient incessamment leurs longs bras, afin de transmettre dans toutes les directions les ordres du commandant en chef. On apercevait un télégraphe semblable sur les bords de la mer; du même endroit partait le câble télégraphique qui, traversant la mer Noire, transmettait en trois heures les dépêches de Sébastopol à Paris.

Les quatre tentes des aumôniers se trouvaient placées sur la pente occidentale du quartier général; j'y fis poser une cinquième, où je m'établis le plus commodément possible.

C'est une vie bizarre, et qui pourtant ne manque

pas d'un certain attrait, que cette vie à ciel ouvert et pour ainsi dire nomade. Tout d'abord, un sans-gêne parfait : l'exiguïté de la tente l'autorise, et le plus souvent on se lave et s'habille en plein air. La rareté de l'eau rend l'ordre et la propreté difficiles; malheureusement on s'en aperçoit à l'état du linge. Nous avons, quant à nous, quatre soldats à notre service, mais ils ne font pas à eux quatre l'ouvrage d'une bonne servante. L'un est chargé de nettoyer nos demeures; à peine a-t-il fini, qu'un coup de vent découvre la tente, jette à bas table et lit, et remplit tout l'intérieur de sable des steppes. L'autre est cuisinier; mes collègues l'ont plus d'une fois surpris en train de goûter par trop consciencieusement le chocolat du déjeuner. De même, quand il prépare un agneau, il lui arrive parfois de n'en apporter qu'une épaule, sous prétexte que le rôti s'est étonnamment réduit par la cuisson. Les deux autres sont chargés d'aller acheter les provisions à Kamiesch, d'apporter l'eau et de soigner les chevaux : ce qui n'est pas un petit travail; car presque chaque nuit ces bêtes impétueuses se détachent du piquet et s'enfuient avec de sauvages hennissements; sujet de scènes excessivement bruyantes : les domestiques courent après les fuyards, et souvent aussi les maîtres.

Chacun de nous habite une petite tente séparée. La mienne, comme la plus spacieuse, nous sert à la fois de salon et de salle à manger; à côté se trouve notre cuisine, ou plutôt le trou grossièrement muré qui tient lieu de cheminée. Nous possédons aussi une basse-cour, et c'est un de nos grands divertissements que d'y aller dénicher les œufs fraîchement pondus.

Passons sous silence les tortures infligées par les innombrables insectes, vrais souverains et maîtres de la Crimée; c'est peu pour nous autres jeunes gens; pour les malades et les blessés, c'est un véritable fléau. Encore une de ces bagatelles auxquelles on ne songe guère quand on cite de hauts faits d'armes et d'éclatantes victoires.

Un temps magnifique avait favorisé mon arrivée au camp, et, dès le lendemain matin, j'entrai en fonctions.

Le quartier général était au centre du camp des alliés, à une demi-lieue de distance de la première tranchée. Les différents corps d'armée formaient, à l'entour, un grand demi-cercle; ce demi-cercle mesurait une surface de plusieurs lieues carrées, où les régiments campaient en groupes inégaux. Chaque division (composée de quatre régiments) avait une ambulance pour ses malades, de sorte que chaque jour nous avions à rechercher nos coreligionnaires en douze endroits différents, fort éloignés les uns des autres : ce qui exigeait une grande dépense de temps et de forces.

Je me mis en route par une matinée d'une fraîcheur délicieuse, les poches bourrées de Nouveaux Testaments et de traités religieux. Du papier à lettres, du chocolat, des oranges complétaient mon équipement, équipement qui, joint à la tenue de rigueur, redingote noire et cravate blanche, annonce immédiatement l'aumônier.

Tandis que nous descendions l'étroit ravin qui menait à la première ambulance, nous rencontrâmes une longue colonne de blessés russes que l'on transportait à Kamiesch. Les bêtes de somme, attelées par couples, marchaient au pas, portant ces infortunés assis dans des sortes de corbeilles ou étendus dans de petits lits en fer, appelés *cacolets*. C'était chose effrayante que de voir ces visages hâves et ces membres brisés, et d'entendre les cris, les gémissements de ces malheureux, secoués par les inégalités du terrain, en proie à mille souffrances.

Arrivés à l'ambulance, nous parcourûmes les tentes, où les malades et les blessés de la veille gisaient par groupes de dix ou douze hommes.

Tout d'abord, nous nous annoncions par la formule habituelle, proférée en français et en allemand: «Y a-t-il des protestants parmi vous?» Faute de réponse et après quelques paroles affectueuses aux malheureux étendus là, nous allions plus loin, guidés par l'espoir d'entendre un faible oui; ce oui prononcé, nous prenions place auprès du malade et tâchions de lui faire reprendre courage; puis nous inscrivions son nom et cherchions à lui prouver notre sollicitude. Quand son état le permettait, nous lui lisions la Parole de Dieu et prononcions une prière. Les malades voisins écoutaient avec une attention respectueuse. Nous tâchions encore d'obtenir des renseignements sur les parents du malade et de leur faire parvenir des nouvelles de leur frère ou de leur fils. Si le malade savait lire, nous lui laissions un Nouveau Testament et quelques bons livres propres à l'occuper tout le long du jour, lui et ses voisins.

C'est ainsi que se passèrent non-seulement ma première matinée en Crimée, mais presque toutes les autres. La visite d'une seule ambulance, c'est-à-dire une vingtaine de protestants à découvrir entre cinq ou six cents blessés, la remplissait amplement.

Le déjeuner, pris en commun, nous donnait

quelques moments de repos ; immédiatement après nous remontions sur nos petits chevaux turcs et nous recommencions nos visites d'un autre côté du camp.

Les impressions recueillies pendant les premiers jours de mon ministère se trouvent fidèlement consignées dans cette lettre :

« C'est une grande, mais pénible tâche que la mienne ! Sans doute, en me la représentant d'avance, je m'étais souvent dit que les côtés romantiques et chevaleresques du ministère feraient bientôt place à des réalités bien poignantes; mais aucune de mes prévisions n'approchait de la vérité. Toute illusion poétique tombe devant ces courses monotones d'une tente à l'autre et les soucis matériels pour notre existence. Soyons juste cependant : ces peines si prosaïques ont des compensations bien douces, ces fatigues des récompenses magnifiques. Ainsi je sors rarement d'une ambulance sans avoir rencontré au moins une âme que la Parole de Dieu et nos témoignages de sollicitude ont consolée. Au reste, notre vie, entourée comme elle l'est d'agitation guerrière, n'en est pas moins très-paisible ; le tumulte des combats ne nous arrive que de loin et par le grondement des obusiers et des canons; notre mission, toute de paix, se borne à faire pénétrer les vérités consolantes de la religion parmi les âmes souvent aigries des malheureuses victimes. »

Parmi les premiers blessés que je visitai, se trouvaient des prisonniers russes tombés au combat de la Tschernaya. Il s'agissait de s'assurer s'il n'y avait pas des protestants dans le nombre. Malheureusement je ne parlais point leur langue et ne pouvais leur adresser de consolations; mais leurs regards émus me remerciaient, quand, faisant le signe de la croix, je levais la main vers le ciel pour leur montrer le Sauveur, adoré par eux comme par moi. Après le combat, il ne restait plus de traces des haines nationales dans ces cœurs si aigris au moment de la lutte; les infirmiers français soignaient les prisonniers français et russes avec la même sollicitude; aucun de ces blessés n'a, pendant toute la campagne, manqué des soins qu'il était humainement possible de leur donner.

C'est du sommet d'un monticule assez élevé que je contemplai pour la première fois le tableau du siége. Comme la ville de Sébastopol s'étalait calme devant mon regard!

Ses fiers monuments, ses hautes casernes, puis les coupoles des églises, blanches sur un fond d'azur, tout cela se détachait encore intact dans l'espace; les vaisseaux russes se tenaient dans le port dans une attitude de défi et comme invulnérables. Les feux qui s'élevaient des tranchées, l'imposante apparition de la flotte armée par les puissances occidentales et amarrée à l'entrée de la baie de Strélitzka complétaient ce tableau grandiose. Je le contemplai le cœur serré : peu d'heures auparavant, j'avais vu sous des couleurs trop vives, hélas! le revers de toute cette splendeur.

Avec quel sentiment de bien-être, après les travaux fatigants de la journée, je me retrouvai avec mes collègues! Le dîner nous réunissait : nous racontions nos expériences de la journée, nous échangions nos impressions de joie ou de tristesse. Souvent une cordiale gaieté présidait à notre repas, car notre genre de vie n'excluait pas les épisodes plaisants. Tantôt c'était M. Meinadier, notre confrère réformé, excellent pasteur et très-malheureux cavalier, qui nous narrait une de ses aventures équestres; tantôt encore nous parlions ménage. Entre autres nous formions des projets pour l'amélioration de notre cuisine, qui péchait surtout par une uniformité absolue et l'absence de tout ce qui peut réveiller l'appétit.

Je ne sais ce qui me valut la haute surveillance de la cuisine et du ménage. Je m'y entendais à peu près autant que notre brave cuisinier qui, tous les matins, me demandait avec une mine désespérée : « Mon pasteur, que ferai-je aujourd'hui à déjeuner et à dîner?» — Réponse habituelle : « Du riz, mon garçon, et encore du riz! »

Chaque aumônier recevait par jour, pour lui et pour son domestique, deux rations de pain et de viande, de riz et de café, de sucre et de vin, comme les capitaines. Mais ces denrées ne se prêtaient qu'à des repas excessivement simples; nous manquions surtout d'aliments rafraîchissants, tels que lait, légumes et fruits. Un an avant, les environs de Sébastopol étaient encore couverts de vignobles, et nos soldats mangeaient d'excellent raisin; mais pendant l'hiver une vigne avait été arrachée après l'autre, et les précieux sarments avaient servi à chauffer les misérables habitations du camp.

Un repas autrement succulent que ne pouvait le fournir notre modeste table m'attendait dans la fraîche tonnelle du maréchal Pélissier, qui me fit inviter à déjeuner le premier dimanche de mon séjour au camp.

Cette matinée tient une place mémorable dans mes souvenirs. Le vieux guerrier aux formes vigoureuses, à la tête blanchie, sur lequel se portaient alors les regards de l'Europe entière, était assis, silencieux et replié sur lui-même, à la place d'honneur; il avait à sa gauche le général sarde, et à sa droite le plénipotentiaire anglais, graves personnages qu'il n'interpellait pas moins par les épithètes toutes familières de : « *Armata Sarda* » et « *Fière Albion* ». Le maréchal me désigna, en me saluant de la main, une place à côté du général anglais, sir Hugh Rose, et lui dit : « Albion, vous voyez là un pasteur protestant! » Ensuite, se tournant vers moi, il ajouta : « Monsieur le pasteur, je vous place à côté d'une de vos ouailles, vous pouvez la catéchiser pendant le déjeuner. » Sir Hugh Rose, qui commande aujourd'hui aux Indes, avait, dès le commencement de la guerre d'Orient, joué un rôle important comme représentant de l'Angleterre à Constantinople; c'est un général distingué et un homme remarquable; il parle parfaitement l'allemand; il en parle même les différents dialectes, et je m'entretins fort agréablement avec lui pendant le repas, qui fut d'une brièveté militaire et assez silencieux. Le général d'Autemarre, un autre convive, raconta quelques épisodes de la sanglante bataille qui avait eu lieu, trois jours auparavant, à Traktir; le maréchal Pélissier se mêla rarement à l'entretien, se contentant de gronder les domestiques et de faire la leçon à quelques jeunes officiers qui s'étaient permis de rire. Il toucha à peine à la glace apportée à grands frais d'Amérique, et aux raisins admirables qui avaient mûri sur le seul coteau épargné. Aussitôt après le déjeuner, le maréchal se retira; quant à moi, je ne voulus point m'éloigner sans adresser mes remercîments au général de Martimprey, chef d'état-major. Il se montra très-bienveillant et m'assura de l'appui du général en chef, qui, disait-il, se ferait toujours un plaisir de nous être utile. Cette bienveillance nous fut précieuse et contribua fort à la prospérité d'une œuvre alors seulement tolérée à titre d'essai et passée depuis à l'état permanent.

L'après-midi de ce même dimanche demeure marquée dans mon esprit par le souvenir d'une promenade délicieuse. Nous nous rendîmes tous trois au monastère de Saint-Georges. La route passait à travers une lande stérile, par des ravins qui jadis avaient pu être verts, mais n'offraient plus aujourd'hui qu'un aspect désolé. De pauvres moutons amaigris broutaient l'herbe desséchée, et le berger, un Tartare au regard morne et abruti, au bonnet de fourrure pointu, suivait silencieusement son misérable troupeau; à peine s'il leva les yeux à notre approche. Nous côtoyâmes quelques murailles, les restes d'une charmante villa, qui naguère s'élevait là entourée de ses jardins, de sa métairie, de ses vignobles; la maison, ombragée par de grands arbres et ayant vue sur la mer, était détruite; seuls, quelques débris de pierre indiquaient la place où peut-être vivait, cachée à tous les regards, une famille ruinée par la guerre. Ces scènes de dévastation se succédèrent jusqu'à l'entrée du monastère. La guerre avait respecté ce bel édifice. Dans la cour campaient quelques Tartares à l'aspect misérable; les moines, au contraire, nous parurent, pour la plupart, beaux et robustes. Une longue barbe recouvre leur vigoureuse poitrine. Leur robe est noire; pourtant ils ne portent pas, comme nos moines, un capuchon rabattu sur la tête, mais un grand chapeau, en forme de pain de sucre, ce qui leur donne un aspect singulier.

Une délicieuse surprise m'était réservée: mes collègues, qui connaissaient le monastère, me conduisirent dans un couloir obscur et d'apparence sinistre; je crus qu'il menait à une chapelle; mais il aboutissait à une terrasse, d'où le regard s'étend sur le plus beau panorama. La mer, en dépit de son nom de *mer Noire*, était d'un bleu d'azur; ses flots argentés s'étalaient devant nous avec la limpidité d'un miroir; le monastère la domine de ses blanches murailles, de ses galeries à jour, de sa chapelle adossée aux flancs du rocher. Les jardins embaumés descendent en terrasse sur les bords de la mer, dont les vagues se brisent, en grondant, contre le roc. Des arbres gigantesques surgissent du fond du ravin, et leur épais feuillage forme un contraste étrange avec la stérilité du paysage dévasté. De Kamiesch à Balaclava cependant, se dressent, semblables à des bastions, de hautes falaises; l'énorme muraille aux bords fantastiquement déchiquetés se fend par le milieu et garde, comme un rempart, les verts abords du monastère.

Pour mieux jouir de ce site enchanteur, nous descendîmes nous asseoir sur les bords de la mer. La main de Dieu y a semé à profusion les fleurs et la verdure. L'air est chargé de fraîches senteurs, l'ombre délicieuse. Comment, en un pareil lieu, ne pas songer aux traditions qui y surabondent! C'est sur ce rocher que s'élevait le temple de Diane, mémorable par le sacrifice d'Iphigénie; c'est ce sentier que foula le pied de son frère infortuné.

Des voix enfantines vinrent nous tirer de notre rêverie, et nos regards se portèrent sur une bande de jolis enfants. La troupe mutine hésita à notre aspect, puis nous tourna le dos et s'enfuit à toutes jambes. Ces enfants appartiennent à un officier

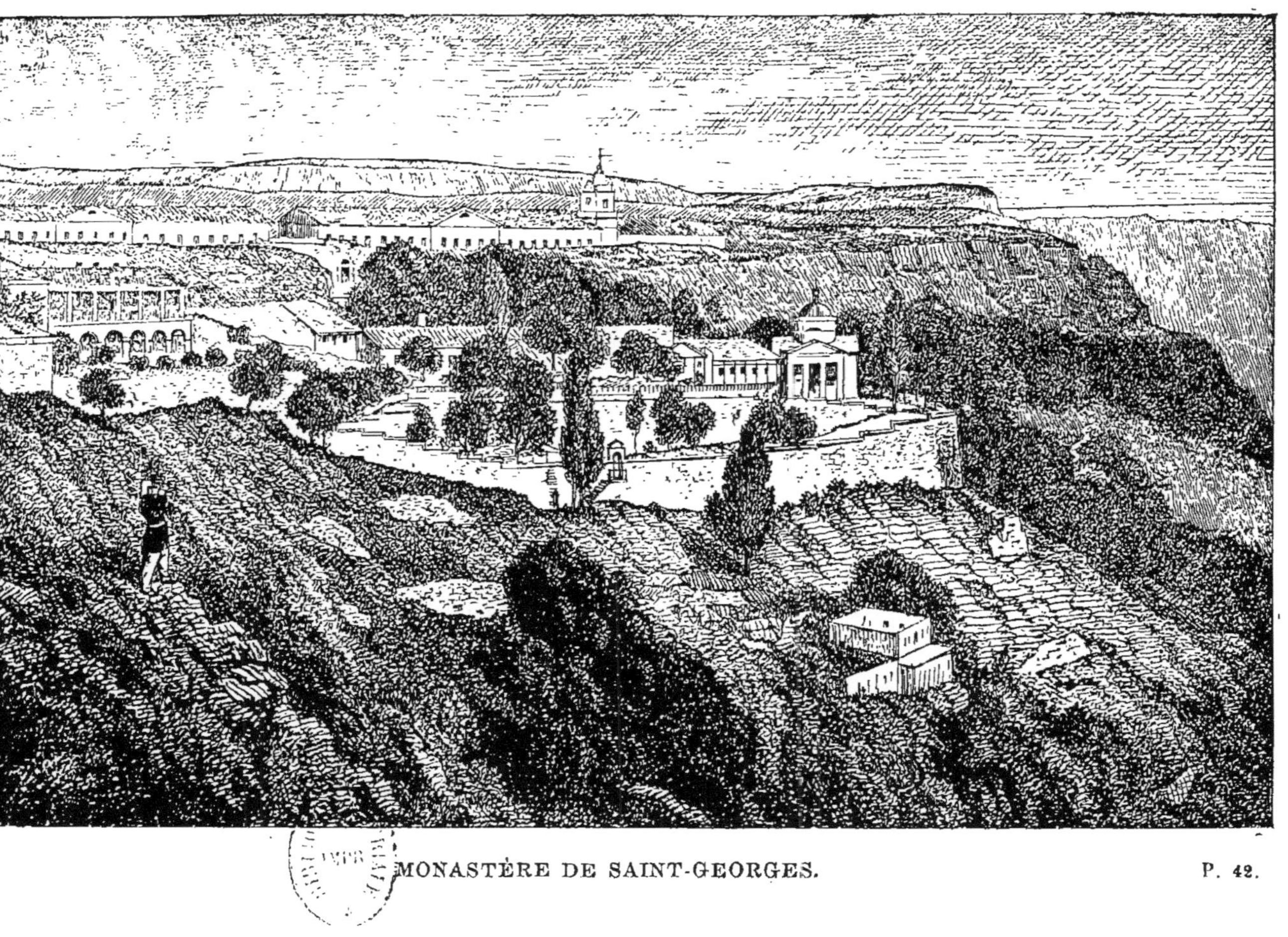

MONASTÈRE DE SAINT-GEORGES.

P. 42.

usse chassé de chez lui à la prise de Balaclava, lessé et fait prisonnier. Les pauvres petits, qui 'ont plus de mère, sont restés sous la garde 'une tante dans un des petits villages tartares nclavés dans notre camp, et doivent leur salut à e braves soldats français. Mais leur situation était i fâcheuse que le général français leur permit 'aller habiter avec leur père le monastère Saint-ieorges, où ils vivent dans une captivité très-douce. ious les vîmes s'éloigner avec le regret de n'avoir u les embrasser. Puis nous nous disposâmes à isiter les habitants du monastère. Nous essayâmes ainement de nous faire entendre d'eux, car ils ne omprennent ni le latin, ni le grec. Deux aumô-iers militaires catholiques qui visitaient la chapelle arurent, comme nous, surpris de leur ignorance. .es pauvres moines étaient incapables de nous lonner le moindre renseignement; nous parcou-ûmes donc le monastère, guidés par les deux eunes abbés, qui s'offrirent obligeamment à nous ervir de ciceroni. Nos confrères catholiques, ornés l'une magnifique barbe, recouverts de grands ournous et chaussés de hautes bottes à éperons, essemblaient moins à des prêtres qu'à des mili-aires. Seule, la large croix qui s'étalait sur leur oitrine révélait leur dignité ecclésiastique. Le monastère ne possède d'autres trésors que quelques tableaux de l'école byzantine et des missels d'une antiquité respectable. Ces missels, quelque curieux qu'ils fussent, ne m'intéressaient guère, et je préférai me rendre une dernière fois sur la terrasse.

Pressentais-je déjà à cette heure que cette première course au monastère Saint-Georges serait aussi la dernière ?

CHAPITRE III.

Visites aux ambulances de la légion étrangère.

Si l'on voulait étudier un nombre infini de physionomies, c'est au milieu de notre légion étrangère qu'il faudrait s'établir. Cette désignation de légion étrangère s'applique aux régiments recrutés dans d'autres pays que la France. Ces troupes, qui d'ordinaire séjournent en Algérie, avaient, comme les autres, reçu l'ordre de partir; mais disséminées, dès leur arrivée en Crimée, leur accès était difficile, et leurs blessés de confession protestante dépourvus d'assistance spirituelle. Un soir, comme je traversais une division qui m'était encore inconnue, des voix s'élevèrent en chœur de dessous une tente, et j'entendis chanter le *Lied* d'Uhland: «C'est le jour du Seigneur!» — «Avez-vous ici des Allemands?» demandai-je à un jeune soldat.

« Oui, Monsieur, me répondit-il, nous sommes ici des gens de tous les pays et pour la plupart Allemands : c'est le camp de la légion étrangère.» — Je regardai autour de moi : de gracieuses clôtures entouraient les tentes; les foyers de forme commode, les jardinets bien tenus, où couraient des animaux domestiques, tout, jusqu'aux écureuils sautillant dans leurs cages en fil de fer, me rappelait l'Alsace. Partout, sur mon passage, mon salut provoquait en retour les paroles si cordiales : « Dieu vous garde, Monsieur le Pasteur! » Tous les différents dialectes de la langue germanique se trouvaient représentés là. Que ces accents familiers me faisaient de bien! Depuis ce jour, je visitai chaque semaine les ambulances de la légion étrangère, dont mes collègues voulurent bien consentir à m'abandonner le soin.

Quel vaste champ d'activité pour mes efforts! Le froment et l'ivraie y croissaient pêle-mêle. On voyait là des gens de toute nation et de toute condition, auxquels leur patrie avait paru trop étroite, leur position trop mesquine. Des espérances déçues, une ambition dévoyée, puis l'insubordination envers les parents ou les chefs, les châtiments réservés aux déserteurs, tels sont les divers motifs qui, la plupart du temps, amènent ces enfants perdus sous les drapeaux français, et sous la sévère discipline de la légion étrangère.

Je copie textuellement des notes prises après une visite faite à ses blessés.

Il est dix heures du matin; le soleil darde de brûlants rayons, nos chevaux fougueux rasent en hennissant la route poudreuse. Nous passons auprès d'un parc d'artillerie placé dans un enfoncement; tout à coup un boulet siffle, et nous baissons la tête d'un mouvement instinctif. Ce boulet, lancé dans la direction de nos poudrières, est un boulet russe. Nous poursuivons notre route. A gauche s'étend un de nos immenses cimetières; voilà que nos bêtes se cabrent, effrayées par un drap blanc qui flotte là-bas dans l'air; il recouvre des cadavres que, six heures à peine après le décès, deux infirmiers vont enfouir dans la vallée. Il y a bien là vingt corps couchés les uns auprès des autres; tous sont morts pendant la nuit. Pas un ami pour les accompagner, pas un prêtre pour prier sur leur tombe. L'armée française ne possède que douze chapelains catholiques, et qu'est-ce que douze prêtres pour tant de morts? La cérémonie est courte, surtout pour le simple soldat. Deux infirmiers s'emparent du cadavre, le descendent en toute hâte dans la fosse commune; quelques pelletées de chaux vive, puis on la referme légèrement, car demain il faudra la rouvrir. Çà et là, sur un monticule isolé, deux planches posées en forme de croix indiquent la sépulture d'un officier, celui-là conduit à sa dernière demeure par le ministre de son culte et par ses frères d'armes.

Nous voilà loin des tombeaux, tout près de l'ambulance; il nous faut traverser une cour, puis une pauvre maison, une des rares maisons qui ont été épargnées. Cette masure, qui menace ruine, sert d'asile au général Forey, et il y a établi son quartier général. — Mais voici la mer! Ses vagues étincelantes viennent déferler sur la grève, encombrée de joyeux baigneurs. Quelques infirmiers lavent du linge dans un endroit peu profond; ils nous indiquent le sentier escarpé qui mène à l'hôpital. Une fois arrivés, nous descendons de cheval et attachons nos bêtes, depuis longtemps accoutumées à attendre patiemment, sans boire ni manger, le retour de leurs maîtres.

Dès notre entrée à l'ambulance, nous rencontrons le docteur Braunwald, un de mes compatriotes, le médecin en chef de la légion étrangère. Il nous accueille de la façon la plus cordiale. Pour aujourd'hui il nous faut d'abord entrer chez lui, admirer une découverte qu'il vient de faire. C'est un manuscrit du pasteur luthérien de Sébastopol, M. Hildenhagen, manuscrit qui a pour objet de faire connaître l'état de l'Église évangélique en Crimée. Voici comment ce travail remarquable se trouve entre les mains de notre docteur. Le presbytère, placé devant les portes de la ville, tout près du cimetière, avait été peu auparavant occupé par les Cosaques. Les habitants, qui s'étaient réfugiés à Sébastopol, y avaient laissé tout le mobilier, lorsque la légion étrangère vint occuper la maison. La présence des officiers ne la préserva point du pillage ; livres, objets d'art, manuscrits, tout y passa. On en fit un hôpital, et son petit clocher lui valut le surnom de *Clocheton*. Pendant que les médecins et les officiers se consultaient sur la destination des appartements, la porte s'ouvrit violemment et un jeune homme entra. Le fils du pasteur, car c'était lui, avait à grand'peine obtenu la permission de retourner dans la maison. Il parut navré à la vue des ravages faits par l'ennemi. Le cabinet de travail de son père était pillé et dévasté.

Livres, manuscrits, tout avait disparu, et le pauvre garçon ne put rien sauver de la précieuse collection. Les officiers le consolèrent de leur mieux ; mais les choses en restèrent là, et je n'appris rien de plus sur le compte de notre collègue. Lui et les siens m'intéressaient : je ne pouvais regarder le *Clocheton* sans songer qu'il avait abrité l'un de nos frères; j'aimais aussi ce fils, ce courageux enfant qui n'avait pas craint de s'exposer au danger pour sauver des objets chers à son père, et je sus gré à mes compatriotes des recherches qu'ils firent en faveur du pasteur fugitif. Le général Raoul avait ordonné la restitution scrupuleuse de tout ce qu'on pourrait retrouver. Dans le nombre se trouvait un ravissant portrait de jeune fille, sans doute une fillette du pasteur.

Quant au manuscrit en question, les soldats allemands en avaient fait cadeau à notre docteur, qui l'avait lu avec intérêt et se proposait, à son retour, de le communiquer à son oncle, pasteur à Strasbourg. L'écrit est parvenu au vénérable serviteur de Dieu; mais le neveu, l'excellent docteur, est demeuré en Crimée. Lui, qui en avait tant sauvé, est mort victime du typhus. Nous l'avons enterré vers Noël.

Je m'en retourne à l'ambulance. L'infirmier-major est à son poste dans la première baraque. Déjà de loin, il nous crie : « *Buon giorno, signori Pastori.* » Singulière figure que cet infirmier! On le nomme *il cavaliere Gaetano Battistini.* Ce n'est pas le premier venu, je vous prie de le croire.

Signor Gaetano a été préfet de police à Rome en 1848, sous la dictature de Mazzini. *Sic transit gloria mundi!* Une haine ardente contre les prêtres catholiques, voilà tout ce qui lui est resté du passé. Naturellement il nous aime d'autant mieux qu'il déteste davantage les prêtres, et fait tout pour nous le prouver. Tout d'abord il répand le plus qu'il peut de Nouveaux Testaments; je doute néanmoins qu'il en fasse son propre profit. Chaque fois que nous essayons d'entamer ce sujet, il fait la sourde oreille et prétend qu'il est occupé. En revanche, il abonde en anecdotes malveillantes sur le compte de l'aumônier catholique; celui-ci passe en ce moment devant les baraques, donne un coup de cravache contre les planches, crie : « Bonjour mes enfants! » et poursuit sa route. Le signor Battistini trouve cette fois, non sans motifs, qu'il ferait mieux d'entrer. Malheureusement son mépris, comme son attachement, nous sont suspects, et ses bavardages ne nous touchent guère.

Cet Italien aux formes replètes, à la stature vigoureuse, semble défier la maladie. Je le vois encore caresser ses belles moustaches reluisantes, illuminer la salle de ses grands yeux noirs étincelants. Son bras puissant ne paraissait pas sentir le poids des malades. Pauvre Battistini! Il devait cependant, comme tant d'autres, succomber à l'horrible typhus. Je le vois encore gisant sans connaissance, les yeux éteints et à demi clos... bientôt on l'emporte, lui aussi, sous la tente d'où personne ne revient.

Nous parcourons les longues files de lits. Tandis que nous nous entretenons avec un malade, un sanglot comprimé part du lit voisin. Nous nous retournons: deux grands yeux ardents, creusés par la fièvre, se fixent sur nous avec une expression douloureuse. Ces yeux sortent d'une figure pâle et fine, une véritable figure d'enfant. Le pauvre garçon est bien faible, et sa main a à peine assez de force pour répondre à la pression de la nôtre. Je lui demande son âge, son histoire. Il a dix-sept ans; il se proposait d'étudier la théologie; mais il a suivi de mauvais conseils. Il a quitté la maison paternelle, Magdebourg, sa ville natale, et finalement il est venu en France pour s'enrôler dans la légion étrangère. Presque aussitôt il lui a fallu partir pour la Crimée; mais sa constitution, trop délicate, ne saurait résister aux fatigues de la vie militaire; il a dû entrer à l'hôpital, où il s'éteint visiblement. Sur une question concernant sa famille, il nous montra une lettre écrite par un frère plus jeune, lettre pleine de félicitations sur son courage et le mâle héroïsme de sa conduite; on y trouvait l'écho de certaines rodomontades malheureusement démenties par les faits.

Je lui demandai s'il était bien aise aujourd'hui d'avoir agi de la sorte. Son sang-froid, à cette question, l'abandonna, et il versa un torrent de larmes. Il promit de se montrer repentant, de demander pardon à son père : « Je lui exposerai, nous dit-il, ma triste position, et je ne doute pas qu'il ne consente à me racheter. » Malheureusement nous ne le reverrons plus, car le lendemain même il quitte l'ambulance pour se voir transporter à Constantinople; son état de faiblesse nécessite des soins qu'il ne saurait trouver ici. Puissent ces soins le sauver, et cet enfant prodigue retourner au milieu des siens!

Une autre tente : là repose un homme à la figure ravagée par le scorbut; il nous regarde d'un air sombre et nous accueille avec indifférence. Un silence chagrin, un oui ou un non, voilà tout ce que nous parvenons à tirer de lui. Il a été officier dans un régiment hollandais, a tué en duel un camarade; il s'est réfugié dans la légion étrangère, afin d'échapper aux rigueurs de la loi, et vient mourir ici de la fièvre d'hôpital.

Plus loin, nous trouvons un ancien étudiant allemand. Celui-ci est communicatif et débute par nous conter son histoire. A l'en croire, il est savant et pourrait prétendre à un magnifique avenir. Nous essayons de faire appel à ses bons sentiments et croyons devoir lui offrir quelques bons ouvrages; mais il daigne à peine les regarder, et, détournant les yeux, répond avec infiniment de morgue : «Ah! je vous en prie, Monsieur le pasteur, épargnez-moi cette littérature, que je connais depuis longtemps et qui ne peut satisfaire aux besoins d'un être pensant.» — «Est-ce donc, pauvre ami, pour satisfaire aux exigences de cet être pensant que vous vous êtes enrôlé dans la légion étrangère?» — «Certes, on trouve ici de quoi exercer son intelligence, Monsieur le pasteur. Si, par exemple, le commandant militaire voulait m'écouter, les choses n'en iraient que mieux. Mes projets d'amélioration ont surtout trait aux ambulances. Je suis fâché de vous le dire, mais vos médecins, vos fonctionnaires n'y entendent rien. Encore s'ils consentaient à profiter des conseils d'un homme instruit et qui a fait des études solides.» — «Pauvre homme, comment votre misère ne vous donne-t-elle pas des pensées plus sérieuses?» — «Un homme instruit n'est jamais à plaindre; je me suffis à moi-même et puis me passer de vos secours.»

Ce n'est pas sans douleur que nous nous éloignons du malheureux. Son visage défait annonce une fin prochaine; et, à notre prochaine visite nous ne le verrons déjà plus. Que Dieu ait pitié de son âme!

Ici c'est autre chose : un malade se soulève péniblement entre ses draps et regarde du côté de la porte. Il nous attend avec impatience et se réjouit de notre venue. Et pourtant quelle légèreté, hier encore, dans le cœur de ce jeune homme! L..., fils d'un fonctionnaire de Ratisbonne, avait depuis son enfance montré si peu de goût pour l'emploi de son père, se révoltait si vivement contre la perspective de passer sa vie dans un bureau, et s'acquittait si mal de son travail, que son père finit par lui permettre de s'engager. Ses vœux ainsi satisfaits, on pouvait espérer qu'il se conduirait bien; mais ses opinions politiques, comme il le disait avec un air de grande importance, ne purent se plier au régime militaire de son pays. Il préféra, par conséquent, passer la frontière et entrer dans la légion étrangère, dont la rigoureuse discipline était probablement plus conforme à ses principes. Il fut blessé dans une attaque; puis sa blessure se compliqua d'une maladie de poitrine. Tout cela ne l'avait pas empêché de demeurer un étourdi.

Aujourd'hui, néanmoins, il me parut tout autre; il tenait le Nouveau Testament ouvert à l'évangile saint Luc; il y avait reconnu, disait-il, sa propre histoire, et ne demandait plus qu'à se repentir. L'expression de ce repentir était simple, touchante, dénuée de phrases. Nous l'écoutâmes les yeux humides, heureux du changement qui venait de s'opérer. En partant, il nous chargea d'une lettre pour son père et nous pria de la faire parvenir à son adresse. Nous espérions que le pauvre garçon serait rendu aux siens; mais Dieu en avait décidé autrement. Le voyage de Constantinople ne fit que hâter les progrès de la maladie, et quand vint le printemps, une douce mort le conduisit dans le sein du Père céleste!

Hélas! les enfants prodigues que l'on rencontre ici ne sont pas tous jeunes. Voici un homme dont les cheveux grisonnent; il a non-seulement quitté la maison paternelle, mais encore abandonné la malheureuse femme qui a tout quitté pour le suivre. Depuis son départ, elle et ses enfants manquent de pain; elle lui a écrit, l'a supplié de prendre pitié d'elle, et cela avec des accents déchirants, capables d'émouvoir des pierres : « Ne reviendras-tu pas? lui dit-elle; demeurerons-nous éternellement séparés? Si tu rejettes ma prière, si tu me refuses ton aide, j'ignore moi-même, vois-tu, jusqu'où le désespoir pourra me pousser. Certes, je ne cesserai pas de t'aimer, mais je ne puis répondre du reste. Le bon Dieu me pardonnera; ma vie est trop cruelle, et je te lèguerai le soin de prier pour ma pauvre âme... »

Je lui demandai ce qu'il avait répondu à cette lettre désespérée. Un violent sanglot sortit de sa poitrine; il n'avait pas encore répondu. Malheureusement, et quand même il guérirait, il ne peut être question de l'exonérer; c'est ce qu'il n'ose avouer à sa femme. J'essayai de lui faire comprendre la légèreté de sa conduite et la grandeur de sa faute. Il parut touché et promit d'écrire. L'a-t-il fait? Peu après, on l'a dirigé sur Constantinople avec un convoi de blessés, et aucun de nos collègues n'a plus entendu parler de lui. Dieu ait pitié de ce malheureux et de sa pauvre femme!

Dans la dernière tente, une propreté plus grande, quelques raffinements dans le service frappent à première vue. Cependant nous ne sommes point chez un officier, mais chez un simple soldat. L'infirmier, tout joyeux, nous fait signe de parler bas: « Il dort, nous dit-il; le médecin espère une crise favorable. » Un jeune homme pâle repose dans un coin, à la place la mieux abritée et la plus tranquille; sa douce figure est calme et a une expression de candeur enfantine. Cependant il n'y a pas à s'y méprendre, la fin approche visiblement, et c'est avec une profonde émotion que nous contemplons le malade. Il ouvre lentement les yeux, nous regarde, essaie de sourire. « Pauvre enfant, comment cela va-t-il? » Hélas! sa voix est éteinte; il ne peut plus parler que par signes. Nous en entendons assez pour comprendre que son âme est résignée. Celui-ci n'est pas un enfant prodigue, mais le fils d'une veuve, un jeune Belge parti avec le consentement maternel. Dès le début de la guerre, il a montré un courage extraordinaire et obtenu les galons de caporal. Mais après avoir heureusement traversé une foule de combats, il est tombé victime d'une imprudence, non point sur le champ de bataille, mais dans la tente. Voici comment ce malheur a eu lieu : son camarade nettoyait les fusils; l'un d'eux, encore chargé, partit, et la balle atteignit au pied notre jeune Belge; il fallut immédiatement l'amputer. On transporta le pauvre estropié aux ambulances éloignées de plus de dix lieues. Pendant la route, un mulet s'abattit; le malade souffrit d'incroyables tortures, perdit l'usage de la parole. Il supporta tout avec un héroïque courage, et sa patience sur son lit de douleur égala sa valeur sur le champ de bataille; il ne proféra aucune plainte, se montra reconnaissant du moindre service. Malades et bien portants, tous s'intéressaient à lui et s'efforçaient de lui être agréables. Je doute que jamais général ait été mieux soigné que ce jeune soldat. Notre visite lui faisait grand plaisir; je partageais ce plaisir et m'estimais heureux quand je pouvais apporter quelque soulagement à son état. Malgré tous nos soins, Keller (ainsi se nommait le jeune caporal) s'affaiblissait de jour en jour. Rien de plus touchant que la façon généreuse dont il s'exprimait sur le compte de son imprudent camarade: « Il est plus à plaindre que moi, disait-il; je vais mourir; lui devra vivre avec le regret de m'avoir tué. »

Pauvre Keller! Aujourd'hui encore nous le trouvons dans le même esprit de charité, de patience; la voix lui manque, mais le regard parle, et sa main serre la mienne quand je lui lis cette divine promesse: « Dans la maison de mon Père, il y a beaucoup d'habitations ... j'y vais préparer vos demeures... que votre cœur ne s'effraie point. » Se douterait-il que cette visite est la dernière? Ce mieux n'était qu'apparent et pareil au dernier flamboiement de la mèche prête à s'éteindre. Peu de jours encore, et un autre occupera sa place sur le lit de douleur. Ne le plaignons pas; il a été fidèle. «Bienheureux sont les débonnaires; bienheureux ceux qui procurent la paix.»

Le soir est venu pendant ces visites. Le clairon résonne dans les ambulances; les infirmiers se rendent à la baraque aux provisions, afin d'y prendre le souper de leurs malades. Toute l'ambulance est en mouvement, et les physionomies s'égaient. Nous avons, nous aussi, achevé notre tâche d'aujourd'hui; mais nous sommes loin d'être rentrés; la distance à parcourir est longue. Nos petits chevaux nous accueillent avec des hennissements de plaisir et semblent contents de nous revoir. Nous montons en selle, et ils nous emportent avec la rapidité de l'éclair. C'est l'heure à laquelle les officiers dînent au son de la musique militaire, qui joue ses plus jolis airs. Les canonnières embossées dans la baie de Strélitzka, se chargent de les accompagner de leurs sons lugubres; une bombe passe en sifflant, et nous piquons involontairement les flancs de notre cheval.

Nous passons près des premières parallèles; une sentinelle croise la baïonnette pour nous interdire le passage; sans doute nous approchons trop près de la ville. Nous tournons bien vite à droite; au même moment un régiment débouche; il s'apprête à prendre le service des tranchées. Combien de ceux qui s'en vont là, pleins de santé et de vie, ne reverront pas le soleil de demain, ou seront couchés mutilés dans les ambulances! ils en ont pour vingt-quatre heures de silence absolu, et le blessé même la défense de pousser le moindre cri. Que de bras et de jambes gelés l'hiver, quand ces hommes se tiennent enfoncés dans la neige jusqu'aux genoux, surveillant les moindres mouvements de l'ennemi.

Par le mauvais temps surtout, rarement une nuit s'écoule sans que les assiégés fassent une sortie, et l'obscurité qui enveloppe le théâtre de la lutte et souvent empêche le soldat de distinguer un ami d'un ennemi, redouble l'horreur du combat. L'homme qui doit aller en embuscade, rampe dans les ténèbres, par-dessus le haut remblai qui protége les fossés, se ramassant autant que possible sur lui-même; il s'arrête dans ce trou, creusé par une bombe, derrière cette pierre, à peine suffisante pour le cacher et placée à vingt pas en avant de la tranchée. A trente ou quarante pas de lui, cachée par un abri du même genre, se tient la sentinelle russe; toutes deux sont ainsi face à face, s'épiant mutuellement, jusqu'à ce qu'elles aient été relevées et puissent reprendre le périlleux chemin du retour.

Mais quand, l'oreille collée à terre, la sentinelle perçoit un mouvement inaccoutumé dans les avant-postes ennemis, ou quand, grâce à la clarté de la lune, elle aperçoit les longues capotes et les bonnets plats, elle se retire aussi promptement que possible : de son adresse et de sa prudence dépendent la vie de plusieurs centaines d'hommes.

Voici une scène arrivée hier et qui peut se renouveler demain : la nuit est sombre, le tonnerre gronde, la pluie tombe à torrents; tout à coup un éclair sillonne le paysage; grâce à cet éclair, le jeune légionnaire, immobile à son poste, voit s'avancer une longue colonne ennemie. Les Russes arrivent au pas de course. Lui cependant se lève; un coup de feu l'effleure; il se recouche à plat ventre, rampe comme une couleuvre jusqu'au premier poste où il s'empresse de prévenir son capitaine, un Strasbourgeois de nos amis. Malheureusement le temps presse; l'ennemi approche à pas accélérés, et il est trop tard pour appeler du renfort; mais l'ardeur de nos soldats s'accroît en raison du péril. Toute la compagnie de grenadiers du 2e régiment, c'est-à-dire des soldats d'élite, se presse en rangs serrés sur le revers du fossé, sans faire le moindre bruit, le doigt sur la détente du fusil. Les casquettes noires paraissent sur le haut du remblai. Nos soldats reçoivent l'ennemi, supérieur en nombre, avec des cris de fureur et une décharge épouvantable, et, sous la conduite de leur vaillant capitaine, ne tardent pas à le repousser dans ses retranchements.

Qui sait ce qui, cette nuit, attend les nouveaux arrivants? Peut-être le combat, peut-être la mort. Que la fusillade nous réveille, que le canon gronde en signe d'alarme jusque vers le grand quartier général, et nous saurons qu'on se bat, et nous prierons pour ces braves qui viennent de passer. Dans le nombre, plus d'un étourdi, sans doute, s'achemine vers sa perte, et cela sans donner une pensée à la vie future; mais il en est d'autres qui se souviennent de Dieu sous le feu même de l'ennemi. Ainsi, l'on a vu souvent les soldats emporter leurs Bibles dans les tranchées, et des lignes entières de guerriers, tenant d'une main le fusil et de l'autre le livre, remplir les sinistres loisirs de l'attente par la lecture de la Parole divine.

En cet endroit même, la charité chrétienne prépare aux blessés ses meilleures consolations; le *Clocheton,* cet ancien presbytère évangélique dont j'ai parlé plus haut, s'élève près de là. Les blessés y reçoivent les premiers soins et souvent aussi y exhalent le dernier soupir. Un homme jeune encore sort en ce moment de cette maison; nous le saluons avec cordialité, et il nous rend affectueusement notre salut. Son vêtement n'a rien de pastoral, mais la grande croix d'argent qui brille sur sa poitrine et un air de douce gravité répandu sur sa belle et noble figure font deviner en lui le ministre de Dieu. Ce chapelain, dont l'âme déborde de charité évangélique, est véritablement l'ange gardien du lieu; sa tente s'élève dans le cimetière parmi les tombes; mais il n'y séjourne point et ne quitte guère le *Clocheton;* il y passe ses journées et ses nuits; sa tendresse, inspirée par la seule charité chrétienne, ne connaît point les distinctions de croyance et de foi. Sans s'inquiéter si le mourant est protestant ou catholique, il le reçoit dans ses bras, essuie la sueur sanglante qui recouvre son front, et s'efforce de lui faire entendre une dernière fois le nom du Sauveur. Il en a souvent à peine le temps, et nous disait, à ce propos, avec une simplicité charmante: « Ah! mes pauvres blessés! ils me demandent presque toujours de l'eau, quand je leur parle du ciel. Alors je me contente de les serrer dans mes bras, comme le feraient les leurs, et de les embrasser. » — Ce prêtre admirable, infirmier en même temps qu'aumônier, dort au chevet de ses malades et ne touche à d'autre nourriture qu'à celle du simple soldat.

Si, par hasard, un protestant, dans le nombre, demande son pasteur, il nous fait immédiatement chercher. Je n'ai pas besoin d'insister sur la vénération qui s'attache à sa personne et sur la sympathie toute fraternelle qu'il nous inspire.

Mais voici la fanfare qui résonne devant la salle à manger du maréchal. Nous passons devant les baraques de ces messieurs et gagnons bientôt nos tentes, où nos ordonnances nous accueillent avec joie. Une surprise nous attend : l'arrivée du courrier, qui était en retard; des lettres impatiemment attendues s'étalent sur la table: la tente, à leur lecture, se transforme et nous transporte pour quelques heures dans le «*home*» chéri! Que d'ardentes prières, que de vœux ces lettres renferment! Ils raffermissent notre courage, et notre pénible labeur nous apparaît à nouveau dans toute la splendeur de ses divines promesses.

CHAPITRE IV.

L'assaut de Sébastopol. — La prise de la ville.

« Au quartier général, le 8 septembre 1855.

« ..... Avant-hier j'assistais d'une hauteur au bombardement de Sébastopol, qui a repris avec ardeur depuis mercredi dernier; les bombes, rebondissant dans l'espace, le sillonnaient en tous sens; parfois un jet de fumée claire s'élançant d'un de nos navires étendait sur la mer un nuage bleuâtre. Je pouvais, à travers une lunette, voir fourmiller nos soldats dans les tranchées, et vis-à-vis d'eux les Russes défendant leurs batteries. Ils étaient si près les uns des autres que les avant-postes pouvaient se regarder dans le blanc des yeux. Cet état de choses ne peut durer, et chacun appelle de tous ses vœux une affaire décisive. La ville de Sébastopol a dû être magnifique; quelques-uns de ses monuments sont d'un très-grand style; les maisons

SÉBASTOPOL (Vue prise de Malakoff)

P. 66.

particulières sont jolies. Vraiment un peuple qui, sur ces steppes désertes, a pu se créer un séjour aussi charmant, ne doit pas seulement posséder le sens militaire, mais aussi le sens du beau..... »

Je ne prévoyais guère, quand je traçais ces lignes, que le moment de la solution approchait. Tout ce que je savais, c'est qu'une distance de quatre-vingts pas au plus séparait nos tranchées du fossé qui entourait le mamelon de Malakoff. Toutes les nuits, le progrès de nos pionniers coûtait un nombre considérable d'hommes. Les Russes se battaient comme des lions. Plus d'une fois, nous avions vu les bombes anglaises couler à fond de grands vaisseaux stationnés dans le port russe, et nous assistâmes même à la destruction de ces gigantesques bâtiments de guerre qu'on nommait la *Marianne*, le *Paris*, les *Douze-Apôtres*.

Grâce à notre lunette d'approche, nous distinguâmes des épisodes horribles. Les derniers matelots des *Douze-Apôtres*, prêts à périr, s'étaient accrochés aux débris de leur navire; ils luttaient vainement contre les flots, et l'on croyait entendre leurs cris de détresse. Ce n'était pourtant là que le prologue de l'épouvantable bataille.

Dans la matinée du 8 septembre, comme nous allions nous mettre à table, un officier de nos amis entra chez nous très-ému : « Savez-vous, nous dit-il, que dans deux heures on donne l'assaut sur toutes les lignes? » Nous laissâmes là le déjeuner et courûmes aux ambulances de tranchée, où, ce jour-là, devaient se dénouer tant de drames sanglants.

Depuis le matin on avait silencieusement garni les tranchées de troupes; les régiments y étaient entrés l'un après l'autre, et les immenses parallèles construites depuis onze mois regorgeaient de vaillants soldats. Ils n'attendaient plus que le signal de l'attaque et savaient que c'était affaire de vie ou de mort.

L'attaque devait commencer sur tous les points à la fois; néanmoins les principaux efforts devaient se concentrer sur les deux forts qui commandaient la ville, ceux de Malakoff et du Grand-Redan. Le maréchal Pélissier, posté vis-à-vis de Malakoff, sur le monticule appelé le Mamelon-Vert, dominait la situation d'un front calme, et, sollicité de quitter cet endroit dangereux, se contentait de répondre: « J'y resterai. »

Quand les généraux russes remarquèrent le mouvement inusité qui se faisait dans nos tranchées, il était déjà trop tard pour repousser l'attaque; il leur fallut borner leurs préparatifs à se mettre en état de la soutenir. Le temps était affreux; d'épais nuages de sable fin et de poussière obscurcissaient le ciel, et par intervalles il pleuvait à torrents.

A midi sonnant — les montres étaient réglées — s'engage la plus terrible canonnade que l'on ait jamais entendue peut-être. La vibration se prolonge pendant plus de dix minutes; puis on n'entend plus rien.

Les plus braves, animés par la parole et par l'exemple de leurs héroïques officiers, sortent alors des tranchées; ils traversent au pas de course le court espace qui les sépare des retranchements ennemis, sautent dans le fossé, profond de dix pieds, arrivent serrés les uns contre les autres au pied du rempart, demeuré intact; l'un monte sur les épaules de l'autre, et, se servant ainsi mutuellement d'échelle, ils parviennent à escalader la haute muraille, et pénètrent, acharnés comme des tigres, dans l'intérieur du bastion de Malakoff, où une mêlée meurtrière s'engage. La fusillade ininterrompue annonce la chaleur de l'action, dont nous attendons le résultat avec une angoisse fiévreuse.

A cinq heures du soir arrive la première nouvelle : Malakoff est à nous. Le drapeau tricolore flotte sur ses murs; un millier de valeureux zouaves occupent le fort. Mais à quel prix et à quels risques! Les Russes avaient défendu pied à pied le terrain; déjà désarmés, ils luttaient avec leurs poings et leurs dents. Les nombreux fossés et remparts qui environnent le fort en rendaient l'accès doublement difficile. Pour un peu, et les Russes redevenaient vainqueurs.

Malakoff gardait les restes d'une vieille tour; un officier russe s'y était retranché avec une poignée de soldats, et, de cette retraite, faisait feu sur nos soldats gravissant la hauteur. On somma la petite troupe de se rendre. Sommation inutile; elle ne voulut point capituler, et il fallut la réduire à coups d'obus. La tour prit feu; les flammes s'étendirent et l'on put craindre un incendie terrible. Le proche voisinage d'un magasin de poudre accroissait le danger; même on parlait d'une mine creusée sous le rempart. Alors le général Mac-Mahon donna l'ordre de tracer autour du foyer de l'incendie un large fossé; au premier coup de pioche, on rencontre un obstacle, la bêche se heurte contre un fil électrique; ce fil s'allonge jusqu'à la poudrière voisine. Peu d'instants, et c'en était fait de Malakoff, et la victoire, de quelque côté qu'elle fût demeurée, eût coûté cher au vainqueur.

Toutes les autres attaques avaient été repoussées. Les Français furent battus au bastion du Mât, les Anglais au Grand-Redan. L'assaut de ce fort gigantesque, tenté trois fois de suite par les troupes anglaises, avait décimé leurs rangs. Le général français qui commandait l'attaque resta seul en face du bastion avec quelques soldats; comme il ne trouvait plus aucun homme de bonne volonté pour le suivre, il s'élança seul, s'offrant comme victime aux boulets ennemis.

La prise de Malakoff décida du succès de la journée. Au camp français, on ignorait encore combien cette victoire était complète, et l'on faisait des préparatifs pour une nouvelle attaque.

Soudain des lueurs d'incendie viennent éclairer cette nuit ténébreuse. A travers les flammes résonnent des explosions sinistres, d'étranges craquements. Le doute n'est plus permis; les Russes eux-mêmes ont, comme jadis à Moscou, mis le feu à Sébastopol, et le soleil, en se levant sur la journée du 9 septembre, éclaire un tableau de dévastation épouvantable. Avant le jour, des zouaves et des soldats de la marine avaient audacieusement pénétré dans la ville; partout ils avaient trouvé un silence de mort, les rues désertes, les maisons en flammes, et, dans les caves, les incendiaires gorgés d'eaude-vie. Ces misérables, pêchés dans les plus abjects bas-fonds de leur race, furent amenés au camp français. Je fus de loin témoin de l'enquête qui se fit en présence du général en chef; mais on ne put rien tirer d'eux, par suite de leur ivresse; ils pouvaient à peine se tenir debout, et nous regardaient avec de gros yeux stupides.

Hélas! ce n'était que trop vrai. La Russie, voulant se soustraire à l'humiliation de nous voir occuper la plus belle de ses forteresses, n'y avait laissé qu'un amas de ruines; non-seulement on avait incendié la ville, mais coulé les vaisseaux de guerre.

Une nuit avait suffi pour anéantir l'œuvre de tant d'années, et les premières clartés du jour, éclairant des colonnes de fuyards, nous révélèrent toute l'étendue du désastre.

Le général Gortschakoff avait, en un espace de temps singulièrement court, accompli la plus belle retraite des temps modernes. Le dimanche matin nous allâmes visiter une de nos batteries, placée en face du bastion du Mât, et parcourûmes les tranchées, où la mort avait, la veille, fait de si grands ravages. D'innombrables cadavres gisaient partout sur le sol, dans la position même où ils avaient été frappés; leurs camarades les enlevaient en silence; tout près de nous d'énormes pièces d'artillerie lançaient incessamment leurs boulets dans les rangs des Russes; de l'œil nu et sans effort, nous pouvions les voir franchir le pont de bateaux, afin de chercher un abri du côté nord de la forteresse. Hommes, chevaux, équipages, tout se pressait dans le plus grand désordre; les navires qui se trouvaient encore dans la rade coulaient bas sous nos yeux; de longues files de voitures, arrêtées dans leur marche par une pluie de boulets, cherchaient vainement à atteindre la hauteur opposée. L'ivresse, à tout prendre, légitime de nos soldats venait encore accroître le caractère émouvant de ce tableau. Chacun ramenait une dépouille quelconque, qui une vache, qui un mouton; celui-ci revenait chargé d'une couchette, cet autre d'un vieux fauteuil. Naturellement les épisodes plaisants ne faisaient pas défaut. Les soldats, ivres de joie, promenaient triomphalement tout ce dont ils avaient pu s'emparer. Dans leur verve comique, ils inventaient mille facéties, et cela sur les lieux mêmes où gisaient les pâles cadavres, tout près de la rive où résonnaient les cris des pauvres fugitifs. Mais qu'était ce contraste si douloureux auprès des scènes de deuil qui nous attendaient dans les ambulances!

Les hôpitaux regorgeaient de soldats blessés, et de quelles blessures! Ces infortunés, pour la plupart complétement défigurés et mutilés, exhalaient le dernier soupir, ou bien attendaient, couchés par rangs serrés, l'arrivée du chirurgien.

Inutile de dire que toute distinction de confession ou de nationalité s'effaçait dans la misère générale; notre mission, pendant plusieurs jours, se borna à dire un mot de consolation aux moribonds, à donner une preuve d'intérêt aux malades. Nous prenions note des messages adressés aux survivants, nous aidions les infirmiers, insuffisants en nombre; nous apportions à boire aux malades. Enfin les ambulances s'éclaircirent; nombre de blessés moururent, d'autres furent dirigés sur les hôpitaux de Constantinople, où ils reçurent de meilleurs soins et échappèrent aux ravages de la fièvre.

Aussitôt que les circonstances le permirent, nous partîmes à cheval, mes collègues et moi, pour aller visiter Sébastopol. Un capitaine du génie nous servait de guide et s'empressa de nous fournir tous les détails possibles. Nous nous dirigeâmes vers le bastion de la Quarantaine, placé sur l'extrême gauche de notre ligne d'attaque. Après avoir franchi les tranchées, nous parvînmes à l'un des grands cimetières de Sébastopol. Ce cimetière, situé tout près de la Quarantaine, avait été pris par nos soldats, pendant une nuit de mai, après un combat terrible. La chapelle, délicieusement placée dans un nid de verdure, est bien encore debout, parce qu'elle a dû servir de poste d'observation aux vedettes, mais ses autels sont dévastés, ses tableaux mutilés, son toit est percé à jour. Les tombes n'ont pas moins souffert. Les boulets ont brisé les croix, labouré les tertres. Quelques monuments sont, comme par miracle, restés intacts et vous avertissent que vous traversez un cimetière; mais les saules pleureurs et les cyprès gisent déracinés sur le sol. Les boulets et les débris de toute sorte encombrent les sentiers, viennent profaner les plates-bandes. En ce moment on y voit passer un régiment de la légion étrangère, et l'espace abandonné s'anime du son des clairons et des fanfares.

Nous montons derrière nos soldats le chemin escarpé qui mène au bastion central, et nous entrons dans la ville par la grande brèche que quatre jours auparavant nos troupes ont ouverte. Devant nous s'ouvrent de larges et belles rues, dont l'aspect suffit pour nous apprendre ce que fut Sébastopol. Au reste, dévastation complète; plus une maison debout; toutes les portes sont enfoncées, toutes les fenêtres brisées, tous les toits effondrés. C'est à travers des monceaux de décombres et des amas de poutres enflammées que nous parvenons à l'intérieur. La disposition des bâtiments m'a paru très-appropriée aux besoins de la vie quotidienne. Les palais exceptés, la plupart des maisons n'avaient qu'un étage et étaient habitées par une seule famille. De là la grande étendue de la ville, malgré le chiffre assez limité des habitants, au nombre de 40,000. Les portes des appartements s'ouvraient sur une sorte de veranda du meilleur effet. Quant aux maisons mêmes, elles ne se composaient guère que de quatre ou cinq chambres, d'ailleurs spacieuses, sans compter la cuisine et le vestibule. La plupart des chambres avaient leurs murailles peintes en bleu ou en jaune; malheureusement nous ne pûmes nous arrêter nulle part; les mines creusées sous le sol rendaient les explosions fréquentes et défendaient d'y séjourner. Les émanations cadavériques, plus encore que le péril, nous chassèrent hors des maisons. Plus d'un pillard ou d'un curieux dut reculer devant l'odeur affreuse qu'exhalaient les cadavres abandonnés. Dans les rues régnait un air empesté, circonstance qui s'explique par le désordre survenu dans le camp russe. On n'avait plus eu le temps de s'occuper des blessés et des morts, et, lors de la retraite, personne ne songea à emporter les malheureux qui se trouvaient à l'hôpital. La plupart d'entre eux périrent d'une façon misérable, faute d'aliments ou de soins; quelques-uns furent brûlés, d'autres étouffés par la fumée qui pénétrait de toutes parts. C'était un spectacle horrible et devant lequel nous vîmes reculer nos plus courageux médecins; ils s'empressèrent auprès de tous ceux qui donnaient encore signe de vie. Les autres furent honorablement inhumés par nos soldats, et une croix plantée sur le lieu de leur sépulture conserve la mémoire de leur fin douloureuse.

Nous ne vîmes pas sans plaisir, parmi cet amas de ruines, une maison demeurée intacte : on la nommait la Maison-Verte, sans doute à cause du toit vert qui la surmonte. Ce bâtiment, construit sur une sorte de hauteur, s'élève au centre de la ville. De loin, nous l'avions prise pour le palais de quelque noble russe : c'était tout simplement un pensionnat de jeunes filles. Les salles d'étude étaient garnies de leurs bancs de bois, les tables encore couvertes de cahiers de musique et de cartons de dessin. On voyait traîner de jolis ouvrages à l'aiguille, des broderies charmantes; bref, la guerre avait respecté cet asile, demeuré debout sous le feu destructeur; c'est là que s'installa le général Bazaine, nommé gouverneur de la ville. Mme Bazaine ne tarda pas à venir rejoindre son mari. Il établit ses quartiers d'hiver sur les lieux mêmes où jadis s'agitait tout un monde charmant de jeunes filles, et bientôt le cliquetis des armes, le bruit des éperons résonnèrent là où s'élevaient naguère leurs joyeux bavardages.

Le maréchal avait immédiatement donné des ordres pour empêcher tout pillage; néanmoins les soldats avaient eu le temps de dérober qui un chapeau, qui une ombrelle, qui des châles et des manteaux; ils couraient par les rues, affublés de ces trophées et joyeux comme des collégiens en vacances. Par malheur, leur « *humour* » s'attacha à des objets plus précieux : c'est ainsi que, les premiers jours, ils tinrent à honneur d'alimenter leur feu avec de beaux meubles. Pour cuire leur soupe, ils fendaient des consoles en acajou ou mettaient des pianos en pièces.

Outre la Maison-Verte, deux ou trois autres bâtiments avaient échappé au désastre. L'un de ces édifices, muni d'un élégant portique, rappelait un peu l'architecture du temple de Thésée; des arbres l'environnaient, et, de loin, j'avais cru voir un théâtre. Je découvris bientôt mon erreur à

ÉGLISE LUTHÉRIENNE DE SÉBASTOPOL.

P. 79,

l'aspect du calice et de la croix sculptés sur le fronton du portique. On voyait encore sous le péristyle les statues des apôtres Pierre et Paul. Je me trouvais, à ma grande joie, devant l'église luthérienne de Sébastopol, et m'approchai pour jeter un regard dans l'intérieur. Autel, siéges, chandeliers, tout était par terre; les dalles elles-mêmes étaient arrachées par places; c'est à peine si l'on avait pu sauver les quatre murs de l'église; la veille on y avait surpris un Russe déguisé qui venait pour y mettre le feu. De l'orgue nulle trace, sinon une petite tablette étendue sur le sol et qui portait le nom d'un facteur célèbre.

Combien tout cela me parut triste! Voici donc, me disais-je, la place où si souvent a retenti la parole divine, où les fidèles ont chanté nos vieux et beaux cantiques!

A l'aspect du sanctuaire dévasté, un pieux souhait s'éleva dans notre cœur; nous résolûmes d'en demander la restitution au général Pélissier, résolus à supporter tous les frais que sa réparation entraînerait. Que cette pensée me plaisait! combien j'aimais à me voir prêchant dans cette enceinte, m'efforçant de réunir autour de moi quelques-uns de nos chers coreligionnaires. La légion étrangère allait, disait-on, venir hiverner à Sébastopol, et je voyais déjà la place où s'élèverait le modeste presbytère destiné à son pasteur; mais Dieu en avait décidé autrement, et ce projet ne put aboutir.

Qu'il faisait bon chevaucher en plein soleil à travers ces rues naguère attristées par les horreurs de la lutte! Le pavé foisonnait de Français, d'Anglais, d'Italiens, de Turcs, sans compter toutes les célébrités militaires qui défilaient devant nos regards; c'était un va-et-vient d'uniformes sardes, français, ottomans; on voyait représentés toutes les armées et tous les grades. N'oublions pas les courageuses ladies anglaises, montées sur d'élégants poneys et laissant flotter au vent leurs longs voiles bleus; car quelques officiers anglais avaient, par un rare privilége, pu emmener ainsi au camp, à 800 lieues de la patrie, les joies du *home*. Partout on revoyait des amis qu'on avait cru morts; on assistait aux accolades de gens heureux de se retrouver et depuis longtemps privés de nouvelles les uns des autres.

Nous revînmes par la colline de Malakoff; les restes de la célèbre tour se dressaient encore sur la hauteur. Dans les fossés étaient encore couchés les cadavres calcinés et mutilés des Russes; ils exhalaient d'horribles miasmes et corrompaient toute l'atmosphère.

MALAKOFF.

P. 80.

Nous nous détournâmes pour contempler le soleil jetant ses derniers rayons sur cette scène de mort. Hélas! quand viendront-ils ces temps bénis où les épées seront changées en hoyaux et les hallebardes en serpes, où la paix régnera sur toute la surface de la terre, régénérée et heureuse!

Notre guide nous montra la place où lui-même avait combattu et passé la nuit de l'assaut.

Nos pauvres soldats tombaient, cette nuit-là, de lassitude et avaient dormi sur le lieu même du combat. A cet instant la canonnade et la fusillade avaient cessé; un grondement soudain, une fugitive lueur révélaient seuls, çà et là, l'explosion d'une mine.

Au lever du jour, le général Mac-Mahon fit sonner la diane par tous les clairons de la garde. Les accents de triomphe, ces bruits joyeux de fanfares sur le théâtre de tant de luttes sanglantes, émurent les cœurs les plus rudes. Des larmes remplissaient tous les yeux, des actions de grâces s'échappaient des lèvres les plus déshabituées de la prière.

Le croirait-on? Je ne retournai plus qu'une seule fois à Sébastopol, cette fois l'hiver, et par la campagne couverte de neige. Le lecteur me permettra de citer la lettre suivante, qui contient le récit de cette course.

« 21 décembre 1855.

« Nous arrivâmes bientôt aux portes de la ville, c'est-à-dire à l'avant-poste français qui stationne à la grande brèche. De là nous nous rendîmes à la Maison-Verte, où mon ami Babut a un parent aide de camp du commandant de la ville. Rien de joli comme cette villa, bâtie dans le goût oriental, flanquée de petites tourelles semblables à des minarets. Malheureusement tout cela se voit de loin, et, comme jadis aux boulets français, la maison sert aujourd'hui de point de mire aux boulets russes. Le général Bazaine a vraiment là un abri fort exposé.

« Ainsi il n'est point rare que, tandis qu'on est réuni en joyeuse compagnie au salon, à jouer ou à faire de la musique, une bombe descende par la cheminée. Ces messieurs, en véritables Français, l'accueillent en riant et continuent à jouer. Le feu, chose remarquable, n'a pas encore pris à la maison. Après un séjour aussi long sous la tente, j'éprouvai un vrai plaisir à monter les marches d'un escalier et à me retrouver dans une chambre parquetée et plafonnée. Celle-ci contenait, outre le luxe d'un sopha, un fauteuil, voire même une grande glace. J'y revis mon image, non sans un certain effroi; les six mois passés au camp lui avaient, malgré la redingote noire, imprimé je ne sais quoi de martial. Ce qui me toucha davantage, ce fut de revoir un piano, un magnifique piano à queue; on l'avait retrouvé au fond d'une cave et placé dans le salon improvisé du gouverneur. Je m'empressai d'ouvrir l'instrument; mais, ô douleur! il était faux; les basses persistaient à donner des sons mineurs, tandis que le haut, plus docile, consentait à donner des accords majeurs. J'essayai néanmoins de jouer quelques lieder; mais je dus bientôt y renoncer, découragé par l'épouvantable cacophonie; je quittai l'instrument et me mis à regarder par la fenêtre.

«Quel aspect que celui de la ville! Qu'est devenu en six mois ce beau Sébastopol! A ma première visite déjà, je ne pensais pas que l'on y pût trouver encore quelque chose à brûler ou à détruire; mais, par comparaison avec ce qui reste aujourd'hui, c'était admirable encore! — Depuis, les régiments français ont reçu l'ordre de se chauffer avec les débris de charpente. Rien de surprenant si, par ce froid cruel, il ne reste plus que les pierres nues. Ce spectacle a quelque chose de navrant; on songe, malgré soi, aux ruines de Thèbes ou bien à celles de Palmyre. Les pierres noircies semblaient entassées là depuis des siècles. Impossible d'imaginer que, pas plus tard que l'an dernier, ces rues aujourd'hui désertes abritaient toute une population paisible. Les fortifications, chef-d'œuvre du génie stratégique, sont abattues; le fort Saint-Nicolas, construction cyclopéenne, à triple étage, a été anéanti en une heure, emporté comme un château de cartes par l'explosion de cinquante mille livres de poudre.

« Quant aux docks creusés dans le roc, ils sont bouleversés, et de gigantesques entassements de débris seuls désignent le lieu où fut construite cette flotte qui faisait l'orgueil de la Russie.

« Un profond silence régnait sur ce qui fut Sébastopol. Par instants résonnait une décharge de l'artillerie russe, qui ne cesse de bombarder ces murs déserts. Impossible par là de faire le tour des rues. Nous n'en montâmes pas moins sur l'Observatoire, où nous vîmes les canonniers mettre le feu aux pièces de deux batteries; l'imprudent qui, à un pareil moment, se hasarderait à sortir, payerait cher sa témérité. Une circonstance me chagrina : la belle église évangélique dont j'ai parlé plus haut ne présentait plus qu'un amas de décombres. Quelques généraux l'admiraient; tout à coup une bombe tomba sur le toit; l'édifice prit feu et ne tarda pas à s'écrouler. Aujourd'hui ses débris se bornaient à quelques colonnes brisées; elles gisaient étendues sur le sol, représentant pour moi une espérance détruite. Hélas! qu'était devenu mon rêve de prêcher dans cette église!

« En présence d'une pareille déception, comment ne pas songer à celle des habitants de Sébastopol! ils s'étaient, dans la bonne foi de leur patriotisme, plu à supposer cette ville à l'abri de tout danger, véritablement imprenable. Le trait qu'on va lire contribua peut-être à les fortifier dans cette illusion. Le premier jour de l'an 1855, les assiégeants, m'a-t-on conté, remarquèrent un mouvement inusité dans la ville. Sur l'Observatoire, terrasse placée hors de l'atteinte des boulets français, des milliers d'hommes et de femmes, de militaires et de bourgeois regardaient la mer, comme dans l'attente d'un spectacle extraordinaire. Tandis que, de leurs positions, nos soldats cherchaient à deviner ce qui allait se passer, un vapeur russe, le *Wladimir,* sortit du port, entra, sous les yeux mêmes de la flotte alliée, dans la baie de Strélitzka, bombarda prestement quelques-unes de nos canonnières qui causaient de grands dommages au fort de la Quarantaine; puis, avec la rapidité de l'éclair, quitta son audacieuse position et regagna fièrement le port de Sébastopol. Une seule frégate anglaise avait pu chauffer assez vite pour le poursuivre; mais le *Wladimir*, plus prompt, rentra sain et sauf dans le port, et peu s'en fallut que les alliés, émerveillés de ce brillant fait d'armes, ne mêlassent leurs acclamations à celles des Russes. Un an plus tard, à pareil jour, le *Wladimir*, détruit par les Russes eux-mêmes, gisait enseveli dans les flots, et des nombreuses personnes qui l'acclamaient au jour du triomphe, plus d'une sans doute est plongée dans le deuil. Le pensionnat de jeunes filles, seule maison restée debout, loge aujourd'hui nos officiers, et les cahiers de musique abandonnés par elles occupent les loisirs de ces braves militaires.»

CHAPITRE V.

La vie d'aumônier au camp.

J'ai essayé de décrire les moments les plus douloureux de ma vie d'aumônier. Sur ce fond si lugubre vient néanmoins se détacher un souvenir plein de douceur. Le 16 août 1855, au combat de Traktir, un jeune officier protestant, Livonien de naissance, tomba blessé entre les mains des Français. Un aide de camp du maréchal Pélissier, le comte de Montauban, lui prit son épée et l'emporta mourant du champ de bataille. Le généreux Français se prit d'amitié pour son prisonnier et l'entoura des soins les plus dévoués.

Nous le trouvâmes dans une baraque voisine de notre habitation, circonstance qui me permit de le visiter presque tous les jours. L'intérêt qu'il m'avait inspiré dès la première visite ne tarda point à se changer en une étroite amitié; des relations communes en Livonie, où j'avais d'anciens camarades d'études, rompirent bientôt la glace. Chaque soir, en rentrant de mes visites aux ambulances, je m'arrêtais au chevet de cet aimable jeune homme, qui paraissait enchanté d'avoir rencontré en Crimée, au camp français, des ministres protestants parlant l'allemand.

Alexandre de V.... était le fils unique d'un baron livonien qui habitait ses terres de l'île d'Œsel; il était le Benjamin du grand-père, vieillard de quatre-vingt-six ans, qui habitait avec ses enfants et attendait impatiemment le retour de son petit-fils. Éloigné depuis plus de cinq ans de la maison paternelle, le jeune de V.... achevait ses études à l'École des cadets, à Pétersbourg, quand la guerre d'Orient éclata. Il dut partir immédiatement pour la Crimée et n'eut pas le temps de revoir les siens. Le détachement de troupes dont M. de V.... faisait partie campait depuis plusieurs mois sur le plateau de Makenzie, lorsqu'il reçut l'ordre d'emporter d'assaut les camps français et anglais, proches de la Tschernaya. Cette tentative avait pour but de réparer les désastres d'Inkermann, de sanglante mémoire. Le camp français, mal défendu de ce côté, devait être surpris, les troupes dispersées, et, à l'aide d'une forte sortie, repoussées vers

Kamiesch, où il ne leur serait plus resté qu'à se rembarquer ou à périr. Selon M. de V..., personne au camp russe ne doutait du succès de l'entreprise. « Ce soir même la Crimée sera évacuée », disaient les officiers russes, et plus d'un avait déjà fait ses dispositions pour le retour. On décida que l'attaque se ferait dans la nuit qui suivrait le 15 août, jour de la fête de l'Empereur. Naturellement les Français avaient fêté ce jour-là, et plusieurs officiers, profondément endormis, ne se réveillèrent qu'à l'arrivée même des Russes. L'ennemi occupait déjà les hauteurs environnantes, quand on s'aperçut du péril, et d'immenses trains d'artillerie, de formidables masses de cavalerie s'apprêtaient à le rejoindre par le pont de Traktir. Quelques régiments français occupaient seuls cette importante position, et il y eut un moment de désordre; mais la bravoure française reprit bientôt le dessus: l'infanterie et les zouaves, qui, ce jour-là, firent des prodiges de valeur, se précipitèrent les premiers sur les Russes. Impossible, en aussi peu de temps, d'organiser une défense régulière; mais l'énergie personnelle y suppléa amplement. De simples officiers durent s'emparer du commandement, et furent si bien secondés, que l'ennemi, repoussé du mamelon, fut bientôt rejeté dans la plaine; là, la victoire ne tarda pas à se décider en faveur des Français. M. de V.... fut blessé presque au moment où l'affaire allait finir; une balle l'atteignit au-dessus du genou; une autre effleura le front du jeune homme comme M. de Montauban se disposait à l'emporter.

Tout marchait à souhait chez notre aimable malade; les forces lui revenaient, il allait entrer en convalescence et paraissait hors de danger. Je m'étais empressé de communiquer ces bonnes nouvelles à sa mère. Voici la lettre qu'elle m'adressa en réponse:

«Arensbourg, le 14 octobre 1855.

«Monsieur et très-vénéré Pasteur!

«Comment vous remercier de l'intérêt que vous portez à mon fils? Nous ne pouvons, mon mari et moi, qu'appeler sur vous les bénédictions divines. Dieu veuille vous bénir pour tout ce que vous faites pour nous.

«La triste nouvelle, je n'ai pas besoin de vous le dire, m'a douloureusement frappée dans mes sentiments de mère, et pourtant je n'ai qu'à remercier Dieu de toutes ses bontés. Sans vous, Monsieur, nous serions encore dans l'incertitude sur le sort de mon fils, le plus précieux de nos biens terrestres. Ce pauvre enfant fait tout notre bonheur, et nous nous estimons heureux de lui savoir un ami comme vous. La langue humaine ne saurait traduire les angoisses dans lesquelles nous vivions; mais Dieu a eu pitié de nous et écouté notre prière; grâces lui soient rendues!

«Quant à vous, Monsieur le Pasteur, achevez votre mission à l'égard de mon fils; ne l'abandonnez point, gardez-lui votre bienveillante affection, continuez à lui servir de soutien et de conseil.

«Le Seigneur vous le rendra, et je vous en bénirai ma vie durant.

«CHARLOTTE V....»

Quelques lignes écrites par le digne pasteur de l'endroit accompagnaient cette lettre. Voici ce qu'il m'écrivait :

«Chargé, cher frère en Jésus-Christ, de vous faire parvenir la lettre de Mme de V...., je m'unis à cette mère affligée pour vous remercier de votre affection pour notre pauvre blessé. Puisse le Seigneur, qui vous a donné de prévenir les parents avec un tact si délicat, vous faire aussi la grâce de guider ce jeune homme dans la bonne voie. Sa triste situation, hélas! et les souffrances qu'il endure doivent vous faciliter cette tâche.

« Dieu lui a prolongé son temps de grâce : nous ne pouvons que louer et admirer ses voies étonnantes. Souhaitons que, pour prix de ses services de patriote, il sorte de ces combats affermi dans la foi, et en vrai chrétien.

« La triste chose que ces tueries réciproques entre frères! Prions Dieu qu'il lui plaise de les arrêter, et de nous rendre la paix. Quant à nous, portons dans ce monde, à travers les champs baignés de larmes, dans la paix comme dans la guerre, la divine bannière du Christ, et annonçons aux âmes, par notre ministère, la paix de Jésus-Christ, jusqu'à ce que notre cœur se brise dans la mort! Je prierai Dieu qu'il vous en donne la force, comme à moi, et vous mette en état de lui amener beaucoup d'âmes.

« Votre frère dans la foi,

« C. E. H. »

La blessure et la captivité du jeune V.... semblaient avoir de beaucoup rapproché l'instant où il reverrait ses parents. Le médecin voulait le faire transporter aussitôt que possible à Odessa, où il serait échangé et pourrait immédiatement s'en retourner chez lui. Somme toute, ce n'était plus qu'une affaire de temps, et déjà il lui était permis de compter les jours.

Souvent, il se plaisait, les yeux brillants d'émotion, à me décrire l'île d'Œsel, où il était né, à me promener par ses vallées riantes et ses frais pâturages. Comme sa physionomie s'éclairait quand il parlait de sa mère, et du bonheur de l'embrasser bientôt! La pureté du sang, l'aspect favorable de la blessure autorisaient cet espoir, et le faisaient considérer comme guéri. Pour le distraire, je lui prêtais tout ce que je possédais de livres religieux et autres. Car il en avait bien encore à peu près pour six semaines à rester avec nous. De tous ces livres, celui qu'il préférait était un recueil d'anciens cantiques. Il en connaissait plusieurs, et souvent, le soir, se plaisait à me les lire. Telle fut la vie de mon jeune ami pendant les trois premières semaines de sa captivité. Son affabilité et sa grâce naturelle lui avaient gagné tous les cœurs. Le médecin le soignait comme un frère, l'infirmier ne savait que faire pour lui être agréable. Grands et petits, tous s'intéressaient à lui. M. de Montauban, qui l'avait recueilli sur le champ de bataille, non-seulement continuait à le visiter tous les jours, mais il lui prêtait du linge, lui apportait des fruits, lui recrutait des amis parmi les chefs mêmes de l'armée. Sans doute, il était impossible de rencontrer un ensemble de qualités plus séduisantes et plus chevaleresques. Ce qui me touchait plus encore, c'était sa foi profonde, et son enfantine soumission envers Dieu. L'étincelle divine avait survécu chez lui sous les cendres des dissipations passagères et se ranimait aujourd'hui avec une ardeur nouvelle. On reconnaissait là les fruits d'une éducation pieuse, d'un entourage chrétien. Nulle trace d'orgueil dans ce jeune homme; il se montrait également aimable envers tous, et reconnaissant du moindre service. Il n'apprit pas sans chagrin la prise de la ville et la défaite de ses compatriotes; mais, sans feindre une indifférence invraisemblable, il fit de son mieux pour ménager la susceptibilité de ses bienfaiteurs. Je le tenais quelque peu au courant des événements politiques, et lui communiquais, autant qu'il m'était permis de le faire, toutes les nouvelles que je pouvais me procurer. Cependant je préférais lui parler de Dieu, et détourner ses pensées de la terre pour les diriger vers le ciel. On ne remarquait aucune aggravation dans son état, et sa blessure le faisait peu souffrir. Je passai avec lui la soirée tout entière du 17 septembre. Il me parut plus gai et plus communicatif encore qu'à l'ordinaire. Je le trouvai lisant son livre de cantiques. Il avait appris par cœur celui qui commence par ces mots: « Qu'ai-je « à craindre, si Dieu est pour moi? » Sa figure rayonnait de joie candide. « Voyez comme je le sais, » me dit-il, et il se mit à le réciter d'un bout à l'autre.

Pauvre jeune homme! Jamais je ne l'avais trouvé plus confiant ni plus aimable! Il se plut à me raconter sa vie, plusieurs circonstances où Dieu l'avait visiblement préservé. La plupart de ces aventures se rattachaient à son enfance. Un jour il se trouvait en voiture avec ses parents. On montait une côte, et les voyageurs mirent pied à terre. L'enfant, distrait par les accidents de la route, courait à droite et à gauche. Au même instant, un lourd chariot chargé de pierres descendait la pente rapide. Il atteignit l'enfant et le renversa. On le releva à demi mort, le pied à moitié écrasé. La cure fut longue et douloureuse; cependant le pied fut guéri, et cela si bien que la blessure ne laissa aucune trace. La seconde histoire me parut encore plus merveilleuse. Il se trouvait à Pétersbourg, jouant à l'une des fenêtres du second étage. Tout à coup il se penche en avant, et tombe. Tous le croient mort. Mais il n'est qu'étourdi par la violence de la chute, et ne s'est fait aucun mal. « Comme Dieu « est bon, me disait-il, comme j'ai sujet de lui « rendre grâces! » Et il s'épanchait en expressions de reconnaissance envers Dieu. Il parlait aussi de sa mère, et du bonheur qu'il aurait à revoir ce cher visage. « Je crois déjà la voir m'ouvrant ses bras « pour m'embrasser », disait-il. Puis il se représentait l'heureux moment où il reverrait les rives fleuries et pittoresques de l'île d'Œsel.

Mais Dieu, dans ses voies impénétrables, en avait décidé autrement.

Les deux jours qui suivirent, des devoirs pressants me tinrent éloignés de mon cher Livonien. Je ne pus retourner chez lui que dans la soirée du troisième jour.

Alexandre de V.... dormait, ce qui me surprit; la pâleur de son visage et l'expression paisible de sa physionomie lui prêtaient quelque chose d'angélique. Malgré cela, je ne pus réprimer un pressentiment funeste. J'essayai de me rassurer. Les gémissements de ses compagnons de souffrance, les piqûres des insectes pouvaient avoir troublé son repos. Mais au fond je n'étais pas tranquille. Je ne dormis pas, et, le jour venu, m'empressai de visiter mon protégé. O douleur! Au lieu de m'adresser l'aimable salut de bienvenue par lequel il avait coutume de m'accueillir, le pauvre jeune homme fixa sur moi un œil hagard, un regard étrange. Son visage avait depuis la veille subi une altération complète. Ses traits étaient bouleversés, son teint livide, il regardait avec égarement autour de lui, et, de ses mains convulsivement agitées, semblait vouloir saisir quelque chose. J'essayai de le faire parler; mais ses lèvres déjà noircies ne laissaient échapper que des paroles incohérentes. Entre autres, il se plaignait de la dureté de son oreiller. «Voyez donc de quel bois ils l'ont fabriqué», me dit-il. Des hoquets convulsifs l'empêchèrent de poursuivre. Amis, infirmiers, malades, tous se regardaient d'un air consterné. Je posai mes mains sur son front brûlant, et m'efforçai de le calmer, mais il ne m'entendit pas. Le médecin arriva et le trouva très-mal. Il attribuait ce changement à une résorption purulente survenue en peu d'heures, et déclara que tout espoir était perdu. La consternation fut générale. Je ne pouvais en croire mes yeux et ne le quittai point ce jour-là. Hélas, mon rôle, à présent, se bornait à prier pour lui. Le soir, avant de partir, je le recommandai une dernière fois à la sollicitude de l'infirmier. Cet homme, qui d'ailleurs le soignait avec le plus grand dévouement, devait m'appeler si l'état du malade empirait. La nuit se passa sans accident, mais le jour arrivé, les convulsions reparurent. On s'empressa de m'avertir, mais la mort me prévint, et j'arrivai au moment où il venait d'expirer. Je ne pus que lui fermer les yeux, et prier à son chevet pour les pauvres parents dont je me représentais d'avance l'immense douleur!

M. de Montauban m'aida à rendre les derniers devoirs à notre ami. Nous fîmes un paquet de ses vêtements et de tous les menus objets qui lui avaient appartenu. Puis, ayant coupé une mèche de ses cheveux et ajouté la balle qui l'avait frappé à la bataille de Traktir, nous envoyâmes le tout au camp russe, avec prière de le faire parvenir aux parents du défunt. L'enterrement se fit le dimanche suivant, 23 septembre, par une journée magnifique. Plusieurs officiers de nos amis accompagnaient le convoi. Par une belle coïncidence, l'évangile du jour était celui du fils de la veuve de Naïn. Les rapprochements les plus saisissants s'imposaient à nos cœurs, et mes paroles essayèrent d'en faire l'application à mes auditeurs. C'est sous l'impression salutaire des enseignements de la Parole de Dieu sur la mort et la résurrection que nous descendîmes le cercueil, et que le sol se referma sur la dépouille du jeune étranger! Elle dormira là, semblable au grain de froment, en attendant le jour de la résurrection bienheureuse.

La fosse refermée, je marquai la place où nous voulions faire mettre une croix. Cette croix, élevée par nos soins, devait, avec les noms du défunt et la date de sa mort, porter cette inscription: «Bienheureux sont les morts qui meurent au Seigneur!»

Il me restait maintenant à accomplir la dernière et la plus pénible partie de ma tâche, celle de faire parvenir aux parents la triste nouvelle. Ils pouvaient à peine avoir reçu la lettre dans laquelle, sous la dictée de leur fils, je les rassurais complétement à son égard, leur disant que tout allait à souhait, et qu'avant un mois, il pourrait se diriger vers Odessa. Il s'agissait de faire succéder à ce joyeux message un message de deuil. Tout d'abord, le courage me manqua; puis les forces me revinrent et le Seigneur, sur ma prière, voulut bien m'inspirer ce qu'il fallait dire. La lettre suivante, qui me parvint vers la fin de janvier, vint m'apporter des nouvelles de ces parents affligés.

«A..., le 22 décembre 1855.

«Monsieur et très-vénéré Pasteur,

«Je vous écris du fond d'un cœur brisé par la plus irréparable des pertes. Merci, mille fois merci de tout ce que vous avez fait pour notre enfant. Les paroles sont faibles, devant des émotions pareilles, et je n'en trouve point pour vous exprimer notre reconnaissance. Tout ce que je puis vous dire, c'est qu'au plus profond de notre douleur nous trouvons quelques consolations à reporter nos pensées vers vous, à nous représenter notre fils soigné par des mains affectueuses, entouré, jusqu'à sa dernière heure, de secours spirituels et de soins dévoués. Hélas, nous ses parents, nous ne pouvions rien pour lui! Ah, Monsieur! voici douze jours que nous avons reçu votre lettre, et le sommeil, depuis ce moment, n'est pas encore venu nous donner un instant de repos, ni clore nos paupières brûlées par les larmes. Cet enfant, le seul que Dieu nous eût donné, faisait tout notre bonheur. Avec lui se sont évanouies nos joies et nos espérances terrestres. Au fond de notre douleur, pourtant, nous avons sujet de bénir Dieu. Et, comme vous le dites si bien, quelle pensée consolante que celle de le savoir tranquille au séjour des bienheureux, à jamais abrité contre toute souffrance! Ah, puisse la nôtre nous enseigner à rechercher les choses qui sont en haut, afin que nous arrivions un jour au bénéfice d'une réunion éternelle avec le cher objet de notre douleur! Sans doute, Dieu l'a beaucoup aimé, et lui a donné des preuves visibles de sa tendresse. Il n'est pas mort abandonné, il lui a été donné de rencontrer autour de lui des cœurs charitables et de gagner des affections généreuses. Mes plus vifs remercîments, tout d'abord, au brave jeune homme qui l'a recueilli sur le champ de bataille, à l'infirmier qui l'a soigné.....

«Nous avons déjà passé par mainte rude épreuve, dans le cours de notre vie, mais celle que nous traversons en ce moment dépasse tout le reste. Quel chagrin, non-seulement pour nous, mais pour toute la famille, tout en premier pour mon vieux père dont il était le favori! Hélas! il faut renoncer à le revoir, quand déjà nos bras s'ouvraient pour lui... Mon mari, accablé comme moi, est malade depuis plusieurs années. L'espoir seul d'embrasser bientôt son fils le soutenait, et notre perte l'a de nouveau rejeté sur son lit de douleur.

«Vous le voyez, Monsieur, nous avons plus que jamais besoin de votre intérêt et de vos prières. Veuillez nous les continuer et recevoir l'expression de ma profonde reconnaissance.

«C. V.»

D'autres devoirs, non moins pénibles, me restaient à accomplir. Du lit de mort du jeune Russe, je dus me rendre à celui d'un jeune officier, un Français, victime, lui aussi, du courage qu'il avait déployé à Traktir. Fils unique, comme le premier, sa mort devait venir désoler le cœur maternel d'une pauvre veuve, et je n'ai pas besoin de dire ce qu'il m'en coûta de lui annoncer cette nouvelle. Restait un troisième malheureux, blessé à la même époque. Il avait la cuisse brisée, et souffrait horriblement. Tout autour de lui les malades guérissaient, ou mouraient. Lui seul, ballotté entre la crainte et l'espérance, ne pouvait ni vivre ni mourir. Il se traîna ainsi pendant de longs mois, supportant d'affreuses tortures avec un courage stoïque. Il vécut assez pour entendre parler d'espérances de paix, et mourut le jour même où plusieurs de ses compagnons d'armes s'embarquaient pour la France, cette chère France qu'il brûlait de revoir. Nous le menâmes au cimetière, par une journée glaciale de février, aux sons émouvants d'une marche funèbre. Un sombre brouillard enveloppait la campagne comme d'un linceul. Je rentrai, le cœur navré, suppliant Dieu de faire cesser les maux de la guerre et de hâter le moment du retour.

CHAPITRE VI.

Le Presbytère des aumôniers.

Sébastopol était en notre pouvoir; le but de la guerre semblait atteint; comment ne pas appeler de tous ses vœux ce bienheureux jour du départ!

Mais il n'y fallait point encore songer. La Russie était humiliée, non point abattue; sa flotte superbe était, il est vrai, anéantie, et le premier de ses ports militaires détruit, mais cet empire immense n'était atteint que sur un point et possédait de quoi réparer la brèche. Des armements gigantesques annonçaient la nécessité d'une nouvelle lutte, plus terrible, s'il se pouvait, que la première. Pas de jour où l'armée n'attendît l'ordre de partir et de se diriger à marches forcées sur Simféropol et, de là, sur Odessa. Les projets les plus aventureux occupèrent les troupes pendant les longues journées de repos forcé qui suivirent l'assaut. Quelques grandes marches à travers la Tauride méridionale venaient stimuler l'activité des régiments demeurés stationnaires. Les officiers, au retour de leurs expéditions, se confondaient en éloges sur la beauté des sites. Le paysage, à leur dire, était féerique. On parlait de jardins enchantés, de splendides villas venant s'avancer jusque sur les bords de la mer. D'autres décrivaient d'immenses forêts, des vallées dominées par d'antiques donjons gênois à l'aspect romanesque. C'était là plus qu'il n'en fallait pour nous tenter et nous faire envier un autre séjour. Mais le temps n'apportait aucun changement à notre situation; l'armée campait inactive sous les tentes, et les soldats tuaient le temps comme ils pouvaient. Sans doute, ces incertitudes étaient pénibles; mais, occupés comme nous l'étions, nous n'avions guère le temps d'y songer. La journée se passait à visiter les malades, la soirée à rédiger des messages de consolation ou de deuil. Tâche bien difficile! l'une des plus pénibles de toutes, peut-être. Il fallait transmettre des adieux déchirants, faire saigner des cœurs dévoués... et pourtant, comment reculer, si l'on songeait au baume que nous pouvions verser dans les âmes et qu'autrement la nouvelle ne leur fût parvenue que par la main du maire, sous la forme d'un simple extrait mortuaire!

Parmi toutes ces tristesses, Dieu nous accordait de grands bienfaits. L'arrivée d'un nouveau collègue, envoyé pour me servir d'auxiliaire pendant l'hiver, me rendit très-heureux. La conformité de nos joies et de nos épreuves cimenta notre amitié, et nous devînmes bientôt inséparables.

Cher et bienheureux Henry! Que j'aime à reporter mes pensées vers le pauvre presbytère que nous habitions tous deux vis-à-vis des ruines de Sébastopol! Ta présence m'en cachait la nudité. Quel dévouement que le tien, quelle énergie infatigable! Je vois toujours devant moi ces yeux rayonnants, ces lèvres souriantes et toujours prêtes à égayer, par un intarissable «humour», les mille petites misères de notre vie laborieuse. Mais je revois aussi l'instant suprême de la séparation; le moment où, ton visage attendri penché sur le mien, tu me soulèves d'un bras robuste dans le canot, sur les flots de la mer Noire. Je suis malade, je ne puis marcher. Mais tu es là pour m'aider à gagner le bâtiment qui tout à l'heure va m'emporter. Demeuré sur le rivage, tu m'envoies d'affectueux signes d'adieu, et j'entends le son encourageant de ta voix qui me crie: «Au revoir!»

Au revoir, sans doute, mais quand! A chaque retour de Pâques, je songe au cimetière lointain où repose ta dépouille! Je crois voir, aux rayons du soleil levant, creuser la tombe qui doit la recevoir. Et je me dis que si l'instant de notre réunion a été reculé de bien des jours, nous le célébrerons pour l'éternité dans le ciel, par delà les étoiles, lumineuses gardiennes de ta tombe solitaire!

Les deux collègues, mes guides et mes prédécesseurs dans mes fonctions d'aumônier, devaient s'en retourner à la fin de l'été. Quant à moi, je dus me préparer à rester, perspective assez dure en ces contrées, et avec un établissement pareil. Je repris courage en pensant que je partagerais les fatigues du ministère avec un ami dévoué. La première fois que je le vis, il semblait que ce fût à moi de ne plus revoir mon pays: trois mois de fatigue, une nourriture malsaine (le bétail avait souffert des épidémies comme les hommes) m'avaient rendu malade, et pendant trois semaines il me fallut, à mon vif regret, renoncer à visiter les ambulances.

L'homme n'apprécie les bienfaits de la paix qu'autant qu'il a souffert des maux de la guerre. Cependant Dieu ne semblait pas encore disposé à exaucer nos prières. L'armée préparait ses quartiers d'hiver, chacun s'arrangeait de façon à souffrir le moins possible de l'humidité et du froid.

Nous fîmes comme les autres, et j'employai mes loisirs forcés à faire le plan d'une petite maisonnette capable de nous abriter l'hiver. L'humidité croissante et la fraîcheur glaciale des nuits réclamaient impérieusement ce changement, et nous ne pouvions camper plus longtemps sur la terre nue. Les journées, en revanche, étaient magnifiques, et je n'ai jamais vu un plus beau mois d'octobre. Au reste, l'état sanitaire des troupes était généralement satisfaisant, et de nombreux transports de blessés ayant considérablement diminué la besogne, je pus prendre tout le temps qu'il fallait pour me remettre.

Notre maisonnette, dont les murs s'élevaient comme par enchantement, contenait, à côté d'une chambre pour nous, une cuisine et une écurie. Nos domestiques couchaient sous la tente. Le toit consistait en quelques planches, doublées d'une vaste toile. Sans doute, mon œuvre n'était pas tout à fait conforme aux règles de l'art, et l'édifice n'avait rien de classique. Je ne l'en contemplais pas moins avec un certain orgueil. La charpente achevée, je fis apporter de la chaux, et l'on procéda avec rapidité à l'achèvement du travail. Nos murailles blanchies se voyaient de loin, et le *presbytère protestant* faisait l'admiration générale. Notez que ce monument avait une porte et des fenêtres, de véritables fenêtres pourvues de châssis et de vitres.

La chaleur d'un petit poêle en fonte, que nous tînmes allumé jour et nuit, sécha bientôt les plâtres, et rendit notre demeure habitable. Non-seulement je me réjouissais d'y emménager, mais je me faisais une fête d'offrir un abri convenable à mon nouveau collègue. Il faut avoir vécu pendant trois mois sous la tente pour comprendre le plaisir d'habiter une maison. Que de fois, le vent ayant enlevé la couverture de notre tente, ne nous étions-nous pas réveillés trempés jusqu'aux os, ou couchés à la belle étoile! Je passe sous silence les correspondances interrompues par le même visiteur, l'encre renversée, les papiers dispersés, les bougies éteintes et rallumées vingt fois de suite. La nécessité de poser un caillou sur chaque papier, faisait croire à une collection de minéraux. Notez que, le soleil n'y pouvant pénétrer, il y faisait très-humide. L'agréable sensation, après trois mois d'un campement pareil, de se sentir de nouveau abrité par les murs d'une maison! Nous ne négligions rien pour la rendre de plus en plus commode. Après nous être essayés au métier d'architecte, nous nous essayâmes à ceux de menuisier et de serrurier. Nous eûmes une porte qui fermait au loquet, un plancher presque convenable. Sans doute, notre chambre servait à la fois de chambre à coucher et de salle à manger, de cabinet d'étude et de cabinet de toilette; néanmoins elle ne manquait pas d'un certain comfort. Nos visiteurs nous enviaient surtout une armoire et des rayons fabriqués par un de nos domestiques, qui, par bonheur, se trouvait être menuisier. Nous nous montrions également très-fiers de notre table de travail, qui provenait de Sébastopol, et prîmes plaisir à y étaler tout ce qui, jusque-là, avait dû dormir au fond de notre malle, mille petits souvenirs apportés du pays. Le soir, nous fermions nos rideaux, et évitions ainsi l'aspect du camp environnant et tout le tumulte soldatesque. En somme, nous pouvions, un peu de bonne volonté aidant, nous croire chez nous, et tranquillement assis dans notre cabinet d'étude.

Le jour, on reconnaissait bien que des mains inhabiles avaient construit cette maisonnette; les bordures des fenêtres et des portes avaient été taillées au couteau, et le canif avait remplacé le rabot. Où aurions-nous trouvé, du reste, tout ce qu'il faut pour compléter la construction d'une maison? Les fenêtres et les portes n'étaient pas, il est vrai, très-bien closes, mais ce n'en étaient pas moins des portes et des fenêtres, et, les battants fermés, rien ne venait nous déranger. Il n'en était pas ainsi dans la tente, où l'on entendait tous les bruits du dehors. Ce n'est pas tout: que de fois n'avons-nous pas été surpris par l'apparition inattendue d'un soldat ivre, ou d'un cavalier égaré? Impossible, avec de pareilles interruptions, d'organiser un culte domestique régulier. Mais le soir même de notre emménagement, nous rassemblâmes nos quatre domestiques autour de la table, et, depuis ce jour-là, nous n'avons jamais manqué de faire la prière en commun. Trois de nos domestiques étaient catholiques; ils n'en assistaient pas moins fort régulièrement à la prière commune, et nous avons lieu de croire qu'ils en ont profité.

Les soldats commandés pour le service des aumôniers se trouvaient dispensés du pénible et dangereux service des tranchées. On comprend avec quel empressement ils recherchaient l'emploi d'ordonnance. Le droit que nous avions de les renvoyer au moindre sujet de plainte les rendait généralement obéissants, et nous n'avions pas trop à nous plaindre d'eux.

L'un, un protestant, nous était particulièrement attaché; c'était un homme pieux et paisible, naturellement ennemi de toute violence, et qui avait horreur de verser le sang humain. Il n'était nullement du bois dont on fait les héros, et se montra fort satisfait d'entrer à notre service. Par une coïncidence touchante, il fut désigné pour être notre ordonnance le jour même où sa compagnie dut se rendre pour la première fois aux tranchées.

Ses trois camarades, de vrais Méridionaux, ne savaient ni lire ni écrire; cependant ils se donnaient toutes les peines possibles pour nous satisfaire. Notre cuisinier seul se laissait parfois aller au péché de gourmandise. Mais il était marié, père de famille, et, à la moindre menace, nous demandait grâce, non pas pour lui, mais pour sa pauvre femme et son petit enfant. Tout cela à grand renfort de promesses et de protestations d'attachement. Naturellement on se laissait attendrir. D'ailleurs, nos domestiques ne s'enivraient point, on ne les entendait jamais proférer de jurons, ni de vilains mots. A tout prendre, ils se conduisaient bien, et nous pûmes les conserver jusqu'à la fin de la campagne.

Les pluies commencèrent vers la moitié de novembre, un soir, comme nous nous réunissions pour la prière.

La prière faite, nous prîmes tranquillement notre

thé, nous applaudissant d'avoir désormais un abri. Il faisait un temps horrible, une vraie tempête. «Qu'il fait bon habiter une maison», me disais-je. A peine avais-je fait cette réflexion, que j'aperçus une tache noire au plafond. L'eau suintait de toute part et découlait à grosses gouttes sur le plancher.

L'inondation ne tarda pas à gagner du terrain. Bientôt le plancher présenta l'aspect d'une mare. L'eau qui dégouttait des murailles mouillait nos lits, détériorait nos meubles. Les manteaux de caoutchouc furent étendus en guise de housse, les parapluies ouverts sur nos papiers et nos livres. Cela fait, nous reprîmes tranquillement notre travail. Vers minuit la pluie parut diminuer et nous allâmes nous coucher. Mais bientôt la pluie nous réveilla de nouveau. Il fallut reposer à l'abri du parapluie. Le lendemain matin, le jour éclaira une scène assez comique: nos lits nageaient littéralement dans l'eau; nos jolies murailles blanches ressemblaient à des cartes géographiques, où des rivières, des lacs et des mers étaient peints en jaune.

Nos braves domestiques, debout sur un îlot de planches, éclataient en gémissements. Nous leur fîmes remarquer qu'ils feraient mieux de nous aider. Ils portèrent des planches sèches devant notre lit et nous pûmes enfin nous lever. Les trous de notre toit furent bientôt bouchés, et nous nous séchâmes de notre mieux au feu du poêle. Au fond, le dégât était moindre que nous ne l'avions supposé, et l'aventure simplement comique. Au dehors, la tempête avait fait bien d'autres ravages; impossible d'imaginer l'état des routes, jusque-là assez convenable. Elles ne tardèrent pas à ressembler à un champ fraîchement labouré. Nos chevaux, naturellement alertes, trottaient bravement à travers la fange; quant à leurs maîtres, ils rentraient généralement couverts d'éclaboussures, crottés jusqu'au menton. Notez qu'à peine descendus de cheval, nos bêtes profitaient de notre absence pour prendre un bain de boue. Elles s'y roulaient à cœur joie, et le plus souvent, à notre retour, leur dos enduit de fange ne présentait plus une place sèche. Le plus difficile était de nous frayer un chemin jusqu'à notre monture; mille fois, nous enfoncions dans la boue jusqu'aux genoux, retirant avec les deux mains une jambe après l'autre et des bottes chargées de quelques livres de terre grasse. Au bout de quelques jours, la neige succéda à la pluie; et, après quelques nuits de gelée, on put de nouveau aller et venir à pied sec. Nous profitâmes du premier beau jour pour aller faire un tour à Balaclava, afin de nous procurer tout ce dont nous avions besoin pour l'hiver, et avant tout une couverture imperméable pour notre toit.

Balaclava était autrefois un petit village, mais les Anglais l'ayant choisi pour leur lieu de débarquement, la guerre l'avait presque transformé en ville. Beaucoup de négociants s'y étaient établis, afin de pourvoir aux besoins de l'armée, aux prix ordinaires en temps de guerre. Nous partîmes de bonne heure, enveloppés de nos grands manteaux de voyage. Les tentes étaient couvertes de neige; les sentinelles, leurs capuchons bleus rabattus, couraient entre les tentes pour se réchauffer; ces types militaires me rappelèrent de vieilles estampes suspendues aux murs de la maison paternelle. On y voyait des scènes empruntées à la première campagne de Russie, entre autres le passage de la Bérésina. Ici, les cavaliers en manteaux blancs, les mains dans les poches, les rênes aux bras, conduisant avec précaution les chevaux à l'abreuvoir, me firent involontairement songer aux traînards représentés sur ces gravures. Sans doute, nos soldats ne redoutaient point un sort pareil; les fatigues du service de nuit terminées, ils déjeunaient en chantant et paraissaient joyeux et dispos.

Plus nous approchions des montagnes, plus la campagne devenait pittoresque. La nudité du paysage disparaissait sous une couche épaisse de neige; et les tentes des Anglais, dispersées par groupes, ajoutaient au charme de ce tableau. Les montagnes où campaient les Russes se détachaient sur l'azur diaphane; et l'aspect de leur camp, éclairé par le soleil levant, offrait un coup d'œil vraiment magique. Pour abréger le chemin, nous prîmes un sentier selon toute probabilité plus direct que la route militaire: nous étions loin de soupçonner le moindre danger. Cependant ce n'était que profonds ravins, côtes escarpées à faire reculer un chamois. La beauté du chemin nous rendait téméraires; tout d'abord nos braves petits chevaux essayèrent de se glisser le long des pentes; mais c'était un jeu à se rompre le cou; nous descendîmes de selle et les prîmes par la bride. Une population étrange et d'un aspect presque fantastique venait encore accroître le caractère sauvage de la contrée. Ici paissait une rosse étique; là, un cheval se mourait parmi des carcasses de chevaux à demi ensevelies sous la neige. Ces scènes attristantes se renouvelant sans cesse, nous comprîmes que c'était là l'endroit destiné par les Anglais à servir de voirie. Nos chevaux ne parurent guère goûter ce séjour; et, soufflant bruyamment, se hâtèrent de nous emporter au delà du ravin. A l'entrée de la vallée, sur le sommet d'une haute montagne, on apercevait un village tartare : quelques-uns des habitants, au type asiatique et aux vêtements bariolés, passèrent près de nous et nous regardèrent fixement. Enfin, nous atteignîmes la route militaire : loin d'abréger notre chemin, nous avions pris le plus long.

« Devant Sébastopol, le 1er décembre 1855.

« ... A nos pieds est Balaclava; on croit voir un petit port de mer anglais, tant tout y est propre et spacieux. Chaque chose y suit sa marche régulière et bien ordonnée : de là grande économie de temps et de forces. D'élégantes locomotives, aux armes anglaises, traversent la vallée, et, quelque provisoire que soit ce chemin de fer, il rend d'immenses services; c'est lui qui approvisionne l'armée de ses munitions de guerre. Le caractère héroïque de toute l'entreprise se révèle ici une fois de plus : transporter une armée de 400,000 hommes à plus de 800 lieues de distance; lui envoyer par mer approvisionnements, vêtements, logements, la pourvoir de chemins de fer et de télégraphes, et dans cette contrée sauvage, accomplir tous les miracles de la stratégie moderne; vraiment! il y aurait là pour nos neveux matière à une épopée telle que l'Iliade ou l'Énéide!

BALACLAVA.

P. 116.

« Nous traversons les belles et larges rues. Comme les soldats anglais paraissent robustes, comme les ouvriers et conducteurs qui dirigent les grands chariots de transport, attelés de robustes chevaux anglais, se portent bien ! Il n'en était pas ainsi, l'année précédente ; l'armée avait dû supporter le froid le plus âpre, sans nourriture suffisante, sans moyens de chauffage convenable. Ici les faits parlent, et nous voyons l'effet des harangues généreuses prononcées au Parlement en faveur des pauvres soldats.

« Les Anglais ont non-seulement pourvu au bien-être physique, mais encore au bien-être spirituel de chacun. De nombreux aumôniers, aidés de simples laïques, d'évangélistes, de colporteurs de Bibles, y exercent leur mission de la manière la plus efficace. On a organisé des « lectures » pour les longues soirées d'hiver, des conférences libres sur la religion et les sciences ; et beaucoup de soldats fréquentent assidûment ces réunions. Plusieurs salles de lectures, garnies de grandes bibliothèques, sont ouvertes chaque jour aux soldats : on a même organisé des concerts pour répondre aux exigences des amateurs de musique. Quant aux malades et aux blessés, on s'en est occupé d'une manière spéciale ; on connaît le dévouement de miss Nightingale, cette diaconesse libre qui, sortie de la plus haute société anglaise, a créé et organisé les ambulances de Balaclava, puis fondé le grand hôpital de Scutari, où les Anglais malades reçoivent des soins si parfaits. A Balaclava, chacun fait son éloge; avant tout on vante sa fermeté de caractère, l'ardeur de sa charité et de son zèle. Nos alliés ont sur nous l'avantage des soins féminins. Chez nous, les généraux ayant reconnu que l'introduction des femmes dans le camp blesserait les lois de la décence, on en a interdit l'entrée aux sœurs de charité. A Constantinople, au contraire, elles sont chargées du soin des malades, et nos collègues ne tarissent point en éloges sur la simplicité héroïque avec laquelle elles s'acquittent de leur tâche auprès des soldats, sans distinction de culte. »

Notre course à Balaclava se termina par une visite aux nombreux *store-houses*. Partout, le bon anglais de mon ami Babut nous procura le plus gracieux accueil. Les magasins étaient assez bien montés, surtout en comestibles et en objets de luxe. Nous y trouvâmes des vins, du sucre, des oranges, bref à peu près tout ce qu'on peut se procurer pour de l'argent; en revanche, nous dûmes renoncer à trouver la seule chose que nous cherchions, je veux dire une toile goudronnée pour garantir notre toit et nous préserver des inondations futures.

Nous reprîmes, tout déconfits, le chemin du presbytère; la pluie avait succédé à la neige, et en arrivant nous trouvâmes notre chambre inondée. Il fallut entreprendre un déménagement complet et sauver nos papiers les plus importants. Ces scènes d'inondation revenaient à tout moment et menaçaient de ne plus cesser, quand le capitaine Salançon, un ami, vint à notre secours. Il nous envoya de Sébastopol une couverture en zinc, et nous pûmes désormais dormir à sec.

Par malheur, notre pauvre petit presbytère avait encore d'autres défauts. Décidément nous étions mauvais architectes. Les murs penchaient sensiblement sur leurs fondations, trop peu profondes pour résister au ramollissement du terrain. Une nuit, le mur de l'écurie s'écroula; une autre fois le vent emporta le toit de la cuisine, et, le lendemain, toutes nos provisions furent couvertes de neige. Dans notre chambre, des morceaux de plâtre se détachaient à tout moment du plafond et tombaient avec fracas. Mais, grâce à Dieu, aucun de nous n'a jamais été blessé et, quelque chancelante que fût notre maisonnette, ses hôtes y ont trouvé, jusqu'à la fin de la campagne, un abri protecteur; tous se la rappellent encore avec reconnaissance.

CHAPITRE VII.

L'église au camp.

C'est un samedi soir : nos chevaux couverts d'écume viennent d'être menés à l'écurie, où Jean les bouchonne avec soin et leur annonce avec mille caresses que demain ils pourront se reposer. L'intérieur de la maison est proprement balayé, et tout le ménage des aumôniers en toilette du dimanche. Les manteaux de voyage, bottes et cravaches sont soigneusement rangés, et les pasteurs, inclinés sur leurs Bibles, préparent le sermon du lendemain. Sans doute ils sont encore dépourvus d'expérience, mais les enseignements si sérieux des circonstances qui nous entourent, suppléent au nombre des années et prêtent aux méditations graves. D'ailleurs nous avons parmi nous Henry Babut, neveu du plus grand prédicateur de France; et son berceau a été illuminé par un rayon de la brillante éloquence d'Adolphe Monod.

Vers minuit nous nous couchons, réfléchissant au sermon du lendemain, heureux d'avoir accompli le travail de la semaine avec l'aide de Dieu, heureux de voir la lune se lever et nous promettre une nuit paisible.

La diane nous réveille au petit jour. Avec quelle solennité ces accords retentissent à travers le silence matinal! Nous célébrons notre culte domestique; tandis que nous prions et lisons ensemble, résonne le tintement d'une cloche. C'est le premier appel à la messe. Bientôt le Maréchal, entouré de son état-major et précédé de la musique, s'achemine vers la chapelle dont le clocher pointu s'élève au milieu du quartier général. Le bâtiment est en bois, mais de forme élégante, et pourvu de tout ce qui est nécessaire au culte catholique. Les orgues sont remplacées par les musiques de la garde impériale, qui, aux moments solennels de la messe, jouent leurs airs brillants pour rehausser l'éclat du culte.

Non loin de la chapelle catholique, à quelques pas seulement de chez nous, une petite baraque, surmontée d'une croix, nous sert d'église. C'est là que, chaque dimanche, nous célébrons l'office divin. Quelle différence avec ce beau temple de Sébastopol, dont, un moment, nous avions rêvé la possession! Notre table de travail, recouverte d'un drap noir, sert à la fois de chaire et d'autel. Quelques escabeaux, quelques bancs mal affermis, servent de siéges, et les rats ne craignent pas de faire leur remue-ménage pendant toute la durée du service. Sans doute tout cela est pauvre, presque misérable. Et cependant, combien le souvenir de la pauvre baraque m'est resté cher! Combien, au milieu des bruits de la guerre et de tout ce tumulte soldatesque, on y sentait le souffle de l'esprit divin!

Nous avions obtenu sans peine l'autorisation d'établir une chapelle protestante, avantage d'autant plus précieux que, dans la plupart des divisions, les chapelains catholiques disaient leur messe sous la tente ou en plein air. Afin d'ôter aux soldats tout prétexte de s'abstenir, on avait également porté sur l'ordre du jour de tous les régiments l'annonce du service divin évangélique.

On avait décidé que l'inauguration de notre église aurait lieu le 2 septembre 1855. Plusieurs officiers s'étaient adjoints à nous pour cette solennité, et nous nous rendîmes en cortége de notre baraque à celle qui désormais allait nous servir de temple. Les soldats du génie avaient fait de leur mieux; mais, malgré leurs efforts, ils n'étaient pas encore parvenus à niveler complétement le sol, et les siéges vacillaient d'une façon périlleuse. En dépit de tous ces petits inconvénients, tout alla à souhait. Cependant nous ne fûmes reçus ni par le son des cloches, ni par le chant de l'orgue; mais quand mon cher collègue se mit à lire l'evangile du centenier, quand nous entonnâmes un psaume français, l'émotion fut générale. Des larmes s'échappaient de tous les yeux, et l'émotion redoubla quand nous appelâmes sur ce temple la bénédiction du Dieu trois fois saint.

Plus tard, j'organisai un service allemand pour les soldats qui n'entendaient que cette langue : les assistants se recrutaient surtout parmi les convalescents et les soldats de la légion étrangère. C'est un dimanche d'Avent que je célébrai pour la première fois le service divin en langue allemande et que l'on entendit retentir dans leur idiome original les belles paroles : « Un fort rempart est notre Dieu. »

Notre auditoire se composait ordinairement d'une quarantaine de personnes venues de plusieurs lieues à la ronde, et ayant bravé la pluie et la tempête, pour venir se joindre à la réunion des fidèles. Là s'asseyaient, sans distinction de rang ou de grade, les officiers supérieurs et les simples soldats, les jeunes gens robustes et les convalescents au pâle visage. Malades et bien portants accueillaient avec reconnaissance la parole du pasteur; elle leur rappelait la patrie, ces paisibles dimanches, où le pasteur de leur village leur annonçait le même Évangile. Tout près de nous venait s'asseoir un homme aux cheveux blancs. Son air digne, les nombreuses croix qui décorent sa poitrine, indiquent l'officier supérieur; mais sa figure hâlée respire la bienveillance, et l'on aime à entendre le timbre généreux de sa voix, venant se mêler à celles des assistants. Sans doute, si jamais laïque mérita d'exercer le sacerdoce, c'était bien ce digne homme. Non-seulement le colonel de Mallet donnait à ses soldats l'exemple d'une vie pieuse, mais encore il leur servit pendant longtemps d'aumônier. Les soldats protestants manquant, avant notre arrivée en Crimée, de tout secours spirituel, le digne colonel avait imaginé de célébrer lui-même, et sous sa tente, une sorte de culte domestique pour les protestants de son régiment. Plus tard, nous trouvâmes souvent dans les ambulances les fruits de cette activité missionnaire si humble et si bénie. Sa bonté se manifestait dans les moindres détails. Un soir, comme je m'en retournais au presbytère, je le rencontrai, et nous fîmes route ensemble. Le froid était assez vif, et j'avais négligé d'emporter mon manteau. M. de Mallet s'en aperçut, et me força de prendre le sien, un superbe manteau de colonel. Plus d'un factionnaire lui présenta les armes, honneur bien peu mérité par celui qui le portait. Brave colonel, que Dieu lui rende ce qu'il a fait pour nous! Tout auprès de lui on remarquait l'air attentif et la figure sérieuse d'un jeune sergent. Soldat depuis sept ans, il s'était enrôlé, dans l'espoir de mener joyeuse vie. Un jour, à Blois, comme il traversait le cimetière, un étranger vint à lui et lui demanda son chemin. Son regard expressif et sa physionomie grave en imposèrent au jeune homme. Il répondit avec politesse aux questions que l'étranger lui adressait. Peu à peu celui-ci entama le seul sujet important, je veux dire le salut du pécheur. L'autre se montra attentif, si bien que l'étranger, touché de son air pénétré, lui fit cadeau d'un petit livre. Il le quitta en lui recommandant d'aller trouver le pasteur de Blois et de lui demander de l'instruire dans les vérités du salut. On s'expliquera l'ascendant subit que l'étranger venait d'exercer sur l'esprit du jeune soldat en apprenant que cet étranger se nommait Adolphe Monod. A partir de cette rencontre, le jeune soldat devint un autre homme. Pendant la guerre de Crimée, il servit de consolateur et de guide à des centaines de camarades mourants ou malades. Sa parole réveillait en eux la foi endormie ou absente, les exhortait à la résignation et au repentir. A Athènes, une horrible épidémie décima la moitié de son régiment; les infirmiers ne résistaient plus; lui, cependant, immobile à son poste, ne bougeait pas du lit des malades. La contagion, chose remarquable, l'épargna. De même, il se trouva vingt fois face à face avec l'ennemi sans recevoir la moindre blessure. Le jour où je le vis pour la première fois, il rentrait du service des tranchées. Il me raconta que, tandis qu'il était debout à son poste, une bombe était tombée devant lui: «Je ne pouvais fuir, disait-il, je recommandai mon âme à Dieu, et j'attendis le coup mortel. Mais la bombe éclata sans me toucher, et je n'eus aucun mal.» Ce brave garçon, à son retour de Crimée, se rendit à Paris, où l'Église luthérienne se l'attacha comme évangéliste.

Le fourrier M..., son compagnon d'armes et son ami, avait des antécédents à peu près analogues; mais, tandis que personne ne venait gêner le premier dans l'accomplissement de ses devoirs de chrétien, l'autre avait à subir les railleries de ses camarades et de ses chefs. Cependant il avait prouvé que la véritable piété ne s'oppose en rien au courage. J'ai parlé plus haut d'une reconnaissance faite au cimetière de Sébastopol. M... fut l'un des sept volontaires qui participèrent à cet acte héroïque. Les ténèbres venues, ils se glissèrent le long des murs du cimetière, s'attendant à tout moment à rencontrer l'ennemi. Un simple pan de mur les séparait de lui, et l'on entendait distinctement la voix des Russes. Souvent ils se crurent découverts, et, pour dérouter les soupçons, demeurèrent immobiles. D'autres fois il leur fallut se coucher à plat ventre sur le sol, ramper à travers un amas d'ossements humains et de débris de toute sorte. L'armée les croyait perdus; quand ils revinrent sous la conduite du valeureux sergent, ils reçurent un accueil enthousiaste. Ce trait et beaucoup d'autres preuves de courage personnel firent bientôt taire les mauvaises langues. J'ai nommé Henry Babut, mon fidèle ami et collègue. Je parlerai plus tard de sa fin bienheureuse; qu'il suffise aujourd'hui d'apprendre que mon ami mourut, assisté par ces deux braves soldats; ils le consolèrent à son heure dernière et furent assez heureux pour recevoir son dernier soupir.

Je reconnais aussi parmi mes fidèles auditeurs plus d'un visage alsacien. Voici notre noble protecteur, M. de Berkheim, chef d'escadron d'artillerie. Dès le principe, il s'est montré l'ami du pasteur

Frossard, organisateur et chef de l'œuvre; il l'a logé dans sa tente, lui a aplani toutes les difficultés, l'a présenté lui-même à tous les chefs et, finalement, a donné à la mission des aumôniers protestants une valeur qui en assure la durée. La franchise avec laquelle il confessait sa foi protestante ne contribua pas peu au succès de ses démarches, et partout et toujours il s'avouait notre ami. Que Dieu le récompense de ce qu'il a fait pour nous! Un jour, il nous amena le général anglais, sir Hugh Rose; celui-ci, comme les autres, prit place sur un simple escabeau, entre un honnête garçon des vallées vaudoises et un Alsacien, l'un de mes camarades d'école. On remarquait encore un officier danois, envoyé avec deux amis en mission par son gouvernement pour étudier au camp français l'art de la guerre.

L'heure de midi était consacrée, le dimanche, au service divin en langue française; suivait un service allemand, plus spécialement destiné aux soldats de la légion étrangère. Ils montraient beaucoup d'empressement à venir, et rien n'était touchant comme cet auditoire de pauvres infirmes qui se traînaient à l'église, appuyés sur leurs béquilles, et sans redouter les fatigues d'un long trajet.

Le service achevé, on reportait notre table chez

nous, et nous y demeurions tranquillement réunis le reste du jour. Plusieurs officiers de nos amis, entre autres le colonel Hartung, profitaient ordinairement du dimanche pour venir nous voir, et s'informer avec intérêt de la marche de notre œuvre. Le soir, un peu tard, nous recevions généralement la visite d'un autre ami. On frappait, et la porte entre-bâillée laissait paraître la tête du capitaine Salançon. Ce dernier, quoique catholique, comptait au nombre de nos meilleurs amis; il partageait nos soucis comme nos joies, et s'intéressait sérieusement au succès de notre œuvre.

Oui, dans notre cabane devant Sébastopol, nous avons reçu de nombreux témoignages de dévouement et d'intérêt, et plus d'une bonne parole de reconnaissance.

Cependant nous étions loin de nous douter que notre petite église verrait la célébration d'un baptême. C'était un beau dimanche d'octobre. Une nappe blanche recouvrait la table; on avait placé la Bible auprès d'une belle coupe de forme ovale.

Nos soldats regardaient avec surprise ces apprêts inaccoutumés; mais quel ne fut pas leur étonnement quand une voiture s'arrêta devant la porte et qu'une femme en descendit, portant un petit enfant vêtu de blanc. Deux dames la suivirent, accompagnées de deux officiers de la légion étrangère, et vinrent prendre place devant l'autel. Cependant la petite fillette, à peine âgée de deux mois, se mit à crier, et l'on dut l'emporter. Ces cris d'enfant, assez extraordinaires en lieu pareil, produisirent une grande sensation parmi nos braves soldats. — Après le sermon, je me dirigeai vers l'autel, annonçant que j'allais célébrer un baptême. On rapporta l'enfant redevenu calme, et je pus procéder à la cérémonie. Les soldats en suivaient fort attentivement toutes les phases, et l'émotion fut générale quand, versant un peu d'eau sur la tête découverte de l'enfant, je le baptisai au nom du Père, du Fils et du Saint-Esprit. C'était une scène vraiment touchante : la mère, entourée d'un cercle de figures barbues, embrassait son enfant avec des larmes de joie; les soldats ne paraissaient pas moins émus, et chacun se montrait curieux de contempler la petite créature qui venait d'être baptisée et avait reçu les beaux noms de *Marie-Victoria.* La garde impériale, parmi laquelle on compte tant de protestants, était à la veille de son départ. Un grand nombre de ses soldats assistaient pour la dernière fois au service dans le camp, et cette cérémonie si extraordinaire devait leur rendre ce souvenir doublement cher. Or, voici pourquoi la petite fille avait été baptisée dans le camp militaire :

Quelques jours auparavant, à l'instant même où je me disposais à aller visiter les ambulances, une voiture s'arrêta devant notre porte. Un homme convenablement vêtu en descendit et demanda le pasteur évangélique. Le domestique l'ayant introduit, il me pria de l'accompagner sans retard à Kamiesch, afin d'y enterrer le fils d'un horloger protestant. «Les parents, ajouta-t-il, sont désespérés, et quand je sus qu'il y avait des pasteurs protestants au quartier général, je me mis immédiatement en route pour les prier de venir apporter à ces pauvres gens les consolations religieuses.»

Je pris immédiatement ma robe d'église, une liturgie et une Bible, et montai dans la voiture, tandis que l'étranger montait mon cheval, qui devait me ramener le soir même. Le trajet, de deux lieues environ, s'exécuta rapidement, et nous ne tardâmes pas à atteindre la maison de l'horloger.

Kamiesch, comme Balaclava, ressemblait à un grand champ de foire ; tout y respirait l'amour des affaires et l'on n'y vivait que pour gagner de l'argent. Nous entrâmes dans une maison assez semblable à une baraque de foire, et je frémis en songeant à l'insuffisance d'un pareil abri pour un enfant malade. A tout prendre, cependant, l'état sanitaire n'était pas mauvais à Kamiesch, et nos soldats, si souvent atteints de l'épidémie, disaient dédaigneusement de ses habitants : « Ces gens ne se donnent même pas le temps d'être malades! » Sans doute, ils étaient malfamés ces *mercanti*, comme on nommait dans l'armée les marchands qui faisaient le commerce sur le théâtre de la guerre. Ils méritaient, dans une certaine mesure, leur mauvaise réputation, et beaucoup d'entre eux avaient sacrifié la sécurité de leurs familles à l'appât du gain. Naturellement ils vendaient fort cher leurs marchandises, ne songeant qu'à réaliser le plus vite possible une grosse somme et à s'en retourner bientôt au pays. De ce nombre était l'horloger, père de l'enfant que l'on allait enterrer. Ce pauvre homme gisait sur son lit, accablé par la fièvre. Il succombait sous le double poids de la fatigue et du chagrin. Près de lui reposait le cadavre d'un bel enfant de deux ans. La mère, jeune femme à la physionomie candide et douce, donnait le sein à un enfant nouveau-né ; elle pleurait en silence, baignant de ses larmes la figure rose du nourrisson.

Je pris place à côté d'eux et les laissai parler. Le mari, un Suisse, semblait au désespoir. Il sanglotait à fendre l'âme et me raconta comment l'amour des siens l'avait seul décidé à entreprendre ce voyage. « Je voulais les voir riches, indépendants », disait-il. Il ajoutait que le sort lui enlevait tout, en lui enlevant son enfant, et qu'il ne parviendrait jamais à se consoler de cette perte.

Je vis bien que sa femme, plus résignée, désapprouvait la violence de cette douleur. Néanmoins je ne crus pas devoir interrompre ce père désolé; l'épuisement venu, j'essayai de parler à mon tour, et je m'aperçus bientôt que ce cœur aigri par la douleur était loin d'être inaccessible aux consolations religieuses. Cependant, je n'avais qu'à demi réussi. Si ce pauvre homme cessait d'accuser le sort, c'était pour s'accuser lui-même, et s'appeler le meurtrier de son enfant. Lui seul, à l'entendre, était cause de ce malheur, et son tort était de ne pas être resté en Suisse. J'eus beaucoup de peine à lui faire comprendre que cette épreuve était dans les desseins de Dieu, et qu'il n'avait pas été en son pouvoir de s'y soustraire. Enfin il se calma un peu, et répéta d'une voix navrée ces paroles de Job: « Le Seigneur me l'avait donné, le Seigneur me l'a repris; que le nom du Seigneur soit béni! » — Quand, vers le soir, les invités arrivèrent pour les funérailles, il était un peu plus calme et put prier avec moi sur le cadavre de son enfant. Nous enlevâmes le pauvre petit corps, et le long cortége, conduit par un pasteur évangélique, produisit une vive sensation parmi la nombreuse population de Kamiesch. Nous nous dirigeâmes vers le cimetière, et la foule recueillie écouta avec respect les paroles du discours que je prononçai sur la tombe.

Le jour baissait quand nous revînmes du cimetière, assez éloigné de la ville, et il faisait nuit quand je me mis en route pour regagner le presbytère. On m'offrit un guide; j'eus l'imprudence de le refuser, me fiant à l'instinct de mon cheval, qui avait fait vingt fois ce chemin. Je quittai Kamiesch au plus vite et m'engageai dans un sentier que je jugeais devoir de beaucoup abréger ma route. — Mais bientôt je m'aperçus que je m'étais égaré et me trouvais dans une sorte de désert. Ni buisson, ni arbre, ni maison qui pût me servir d'indice. Cependant le courage ne m'abandonna pas, car mon cheval marchait droit devant lui et sans broncher. Tout à coup je crus distinguer des formes humaines. J'appelai et demandai mon chemin, mais la réponse me parut très-suspecte, et je jugeai prudent de m'éloigner au plus vite. Pendant plus de deux heures je trébuchai à travers des fossés, des ravins, des monceaux de pierres, sans apercevoir aucune lumière; la lueur seule des étoiles éclairait ma course nocturne.

Enfin j'aperçus une lueur rouge, la flamme lointaine d'un bivouac; je piquai de l'éperon, et ne tardai pas à discerner les contours sombres de quelques tentes. Une sentinelle qui se promenait devant, cria: «Qui vive!» — «Un aumônier égaré», fut ma réponse.

La sentinelle appela immédiatement l'officier de garde, et celui-ci me donna très-obligeamment les renseignements dont j'avais besoin.

Dieu sait s'ils étaient utiles! J'étais à deux pas du monastère Saint-Georges, et j'avais encore une lieue à faire pour arriver au presbytère. On me donna un guide jusqu'au quartier général, où je me sentais chez moi. Que je fus heureux, ce soir-là, en revoyant les nombreuses lumières du camp, et la clarté plus vive de la forge placée près de notre demeure!

Le cheval blanc poussa de joyeux hennissements en entendant revenir son camarade noir, et mon collègue et nos domestiques accoururent à ma rencontre avec des cris de joie. Depuis le coucher du soleil, ils m'attendaient, et la frayeur qu'ils avaient éprouvée à mon endroit les avait empêchés de manger. Nous prîmes place autour de la table, le cœur pénétré de reconnaissance envers Dieu. Jamais nous n'avions dîné aussi tard, et le récit circonstancié de mon aventure servit d'assaisonnement à notre repas.

Le soir même, on m'apprit une circonstance que j'ignorais. Les bords de la mer Noire étaient, au dire de nos amis, infestés par des bandes de déserteurs et de voleurs. Cachés pendant le jour, ces misérables sortaient, le soir, de leurs retraites, afin de surprendre et de dépouiller les voyageurs. Quelque temps auparavant, un jeune officier de Kamiesch avait été attaqué et n'avait dû son salut qu'à la vitesse de son cheval.

Quelques jours après, je retournai dans la famille de l'horloger; le violent désespoir du pauvre père avait fait place à une douleur silencieuse. Il m'annonça son intention de retourner en Suisse avant la mauvaise saison, et, partant, de mettre ordre à ses affaires. Cependant il lui restait une prière à m'adresser, disait-il. — Je lui répondis que je m'estimerais heureux de le servir. Le brave homme me serra la main. « Ma petite fille, dit-il, n'est pas encore baptisée, et nous vous serions très-reconnaissants, ma femme et moi, si vous vouliez, Monsieur le pasteur, baptiser l'enfant dans votre chapelle. » — J'y consentis volontiers, et c'est ainsi qu'un de nos services divins fut embelli par la cérémonie d'un baptême, à la grande joie de notre paroisse militaire.

Peu après, comme je portais aux parents l'extrait de baptême de leur enfant, je les trouvai occupés à tout empaqueter; plus tard, j'appris qu'ils étaient heureusement arrivés en Suisse. Le père, en me faisant ses adieux, me fit cadeau d'une timbale d'argent : il y avait fait graver le mot *Sébastopol;* maintenant ce gobelet sert à mes enfants, et quand par hasard mes yeux le rencontrent, je songe à ma petite église de planches, avec ses ornements si humbles et ses paroissiens si fidèles! J'ai, depuis ce temps-là, baptisé bien des enfants, mais jamais avec autant d'émotion que la petite Marie-Victoria.

Que la grâce divine demeure avec toi, petite Victoria, comme au jour mémorable où, sous les regards des guerriers assemblés, tu fus régénérée par les eaux du baptême!

Cette dernière visite à Kamiesch ne saurait, pour différents motifs, s'effacer de ma mémoire. Elle coïncide avec le départ de notre cher collègue, le pasteur Meinadier; il s'embarqua ce jour même pour retourner en France, parmi ses paroissiens, qui l'attendaient avec impatience. Babut et moi, au contraire, nous demeurions sur le triste théâtre de la guerre et de la douleur. Tandis que, le cœur ému, nous lui souhaitions une heureuse traversée, il appelait sur nous la bénédiction divine, le courage et la force nécessaires pour supporter les fatigues de l'hiver. Un violent désir de le suivre s'empara de nous, quand, appuyés aux rampes du pont, nous assistâmes aux préparatifs du départ. Des bateaux pavoisés, des myriades de barques amenaient les soldats de la garde impériale; la musique militaire retentissait triomphalement dans l'espace; le bonheur respirait sur le visage de ceux qui partaient. Ce n'étaient que chants joyeux, signes d'adieux affectueux, la joie débordait à la fois du cœur et des lèvres.

Comme nous nous rendions au vapeur où notre collègue allait s'embarquer, nous passâmes dans les eaux du vaisseau-amiral. Son nom : *Montebello*, brillait en grosses lettres à la proue du navire. Je me souvins d'un ami de jeunesse que je savais près de l'amiral. Nous montâmes l'escalier du vaisseau; la première personne que je rencontrai fut précisément mon compatriote, le lieutenant de Türkheim. Il était chargé de surveiller l'embarquement des troupes, et n'eut que le temps de me faire ses adieux. La foule des soldats qui arrivaient de toutes parts ne tarda pas à nous séparer. Au moment où j'allais m'éloigner, un voltigeur de la Garde me barra le passage, et, en vue de toute la troupe, me serra vigoureusement dans ses bras. Il me remercia à haute voix des sermons qu'il avait entendus et des visites qu'il avait reçues de nous durant la campagne, et termina par nous souhaiter toutes sortes de bénédictions et de bonheur.

Les témoignages de reconnaissance partis du cœur de ce brave Alsacien me dédommagèrent amplement du mal du pays qui me tourmentait depuis le matin. J'y vis une marque toute particulière de la bonté divine, et repris, presque consolé, le chemin du logis. D'affectueux signes d'adieux nous parvenaient de toutes parts; bientôt on mit à la voile, et nous, en quelques coups de rame, fûmes sur la rive.

Le soleil couchant éclaira notre retour au presbytère. Nous ne nous sentions guère le courage de causer. Mais nous nous serrâmes silencieusement la main, nous promettant à nous-mêmes de nous alléger réciproquement notre tâche, et de travailler de concert à l'œuvre du Seigneur, tant qu'il lui plairait de nous retenir en Tauride.

CHAPITRE VIII.

Un hiver russe.

« Hiver! fâcheux hiver!... » ainsi chantent nos enfants, quand le soir, réunis autour d'un bon feu, ils entendent les bruissements de la neige et du grésil. Cependant ils sont loin de soupçonner ce qui mérite véritablement de s'appeler « un fâcheux hiver». Nous l'avons appris à nos dépens, moi et mon pauvre ami. Que de fois le vent du nord, soufflant sur les immenses steppes, a lancé la neige à travers les fentes de nos fenêtres mal closes! Nous en trouvions, à notre réveil, une petite couche étendue sur notre couverture. La boue et les inondations de la fin de l'automne firent bientôt place à la glace et à la neige, et les dernières semaines de l'année 1855 ont laissé bien des souvenirs douloureux dans mon esprit.

L'année précédente, le 14 novembre, un ouragan épouvantable avait sévi sur toute la surface de la péninsule, arraché et démoli les baraques et les tentes, coulé bas des centaines de navires dans la mer Noire et coûté la vie à beaucoup d'hommes. Ce n'était là qu'un avant-goût des souffrances sans nombre qui nous attendaient l'hiver suivant. Le 14 novembre 1855, jour anniversaire de la fameuse tempête, le temps était si doux, que les soldats se dirigeaient par troupes vers la baie du Carénage pour s'y baigner.

Mais, dès le lendemain, une horrible catastrophe marqua le passage de l'été à l'hiver. Cette catastrophe ne fut pas, il est vrai, l'effet de la tempête, mais ses suites n'en accrurent pas moins de beaucoup les calamités inséparables de l'hiver.

Un moulin à vent s'élevait sur le plateau d'Inkermann; ses longues ailes dominaient la contrée et se voyaient de loin. Les Anglais se servaient des constructions en pierre de ce moulin pour y déposer leurs poudres. Un parc d'artillerie français, qui n'en était séparé que par un petit ravin, se trouvait en face. Peu auparavant, on avait déposé dans l'enceinte du parc la poudre prise à Sébastopol, en sacs, et on ne l'avait que légèrement recouverte de terre, dans l'intention de la transporter prochainement dans un lieu plus sûr. Tout autour campaient le 2e corps d'armée français et une partie importante des troupes anglaises; un petit village, habité par des marchands, était aussi tout proche, et deux de nos ambulances étaient placées au pied du moulin; une troisième s'en trouvait éloignée d'une centaine de pas.

Nous venions, Babut et moi, de terminer nos visites dans les deux premières ambulances, et nous nous dirigions vers la troisième, qui se trouvait sur la route de notre presbytère.

J'entrai dans la première tente, et adressai la parole à quelques malades, sans toutefois quitter le poteau de la tente que j'enlaçais de mon bras.

Tout à coup retentit la détonation la plus terrible que j'aie jamais entendue. La terre tremble dans ses fondements; le poteau de la tente se brise dans ma main comme un fétu de paille, les plus épaisses ténèbres enveloppent l'horizon: l'explosion continue, je demeure étourdi par le bruit d'une décharge pareille à celle de plusieurs milliers de canons.

Bondir hors de la tente, appeler mon ami, telle est ma première pensée. C'est aussi la sienne. Au même instant, je l'aperçois qui sort d'une baraque, pâle comme un mort. On ne peut ni se tenir debout, ni marcher. Des centaines de boulets volent autour de nous avec des bruissements sinistres; une fumée épaisse remplit l'espace et nous suffoque; les spectateurs de cette horrible scène se jettent à terre, la figure collée contre le sol, et attendent, sans bouger, que la pluie de boulets ait cessé.

Sans savoir la cause de l'accident, Babut se jette dans mes bras; dans notre trouble, nous n'avons qu'une pensée, celle d'une reconnaissance infinie envers Celui qui vient de nous soustraire à une mort horrible. Peu à peu l'épais tourbillon se dissipe, et nous comprenons ce qui vient de se passer. Une noire colonne de fumée, mêlée de lueurs sinistres, s'élève du parc d'artillerie français; des boulets rougis à blanc, des gerbes de feu en jaillissent, portant tout alentour la mort et le désordre. C'est la poudre prise à l'ennemi — il y en a 800 quintaux — et d'innombrables obus qui ont pris feu et éclatent dans les airs.

Naturellement nous cherchons à retourner au plus vite vers cette scène de deuil, auprès de nos malades tout à l'heure si tranquilles, et peut-être mourants. Mais nos chevaux se sont égarés dans la bagarre. Le soldat qui les tenait par la bride au moment de l'explosion, a été traîné par eux à une distance considérable. Nous finissons par les retrouver tout tremblants de frayeur; mais le son de notre voix et nos caresses ne tardent pas à les calmer. Nous prenons le trot et nous hâtons de rebrousser chemin.

Quelle course mémorable! Devant nous, l'épaisse fumée, d'où jaillissent des éclairs; du côté des Russes, une canonnade redoublée; autour de nous, le désordre. Des hommes pâles d'épouvante, des chevaux fugitifs, cherchant un asile; des malades à demi vêtus qui, fous de terreur, quittent leurs lits, des gens bien portants qui volent à leur secours; des généraux, des intendants, des médecins passant au galop; tout cela pêle-mêle et dans une confusion inexprimable. Les infirmiers accourent au pas de course avec leurs brancards et leurs litières, tout le monde s'élance vers les ambulances: cependant une nouvelle frayeur nous attend au pied du moulin; une masse énorme de fuyards, piétons et cavaliers, embarrassent nos pas; des mains étrangères saisissent la bride de nos chevaux et leur font rebrousser chemin. Une fumée suffocante enveloppe toute la scène, et du milieu des craquements et des détonations sort un seul cri: «Sauve qui peut! Le moulin brûle!» — Le tourbillon nous emporte, nos chevaux broient leur mors et écument de terreur;

à chaque instant nous nous attendons à recevoir le coup mortel. Mais par bonheur ce n'est qu'une fausse alarme. La grande explosion redoutée n'est plus à craindre. Cependant nous venions d'échapper à un très-grand péril. La force de l'explosion avait enlevé le toit du moulin; et pour peu que l'une des mille bombes qui volaient de toutes parts y fût tombée, nous périssions tous.

Déjà les Anglais sont sur ce toit, et, déployant un sang-froid héroïque, en bouchent les ouvertures avec des linges mouillés. Les boulets se croisent au-dessus de leurs têtes; mais ils n'y font pas plus attention que si c'étaient des grêlons; avec une rapidité incroyable, ils ont sauvé le magasin aux poudres et détourné le danger.

Nous descendons de cheval devant la première ambulance; ici, les malades n'ont pas été atteints; mais ils sont pâles et bouleversés de frayeur, et nous conjurent de ne pas aller plus loin, car les boulets et les bombes volent à droite et à gauche. Cependant il nous faut avancer; nous attachons solidement nos chevaux et courons à pied sur le lieu de la catastrophe.

Peu à peu l'obscurité se fait; de sombres nuages couvrent le ciel, et la sinistre lueur d'un incendie, allumé par l'explosion, éclaire seule notre route.

Bientôt nous rencontrons les premières victimes de cette journée; les infirmiers portent en silence leurs brancards chargés de morts et de mourants : les blessés se traînent appuyés sur leurs camarades, qui les conduisent aux ambulances épargnées. La route est bientôt envahie par cette triste procession. Un jeune officier, enveloppé dans son manteau, se traîne avec peine, la tête bandée, le long du chemin. C'est un ami, un aimable jeune capitaine du génie. La frayeur a paralysé ses membres; une fièvre violente secoue tout son corps; le sang ruisselle sur sa figure. Je m'efforce de le soutenir, le mène à la plus prochaine ambulance. Là, je lave ses blessures, et, à ma grande joie, je le vois revenir à lui. Le sang qui découlait de son visage provenait simplement d'éraflures produites par le frottement d'une poutre. Heureusement ces blessures ne présentaient aucune gravité; seulement la frayeur l'avait tellement saisi qu'il en devint malade. Il fut longtemps à se remettre, et un frisson involontaire s'emparait de lui lorsqu'il se rappelait ce malheur. Quand les premiers bruits l'atteignirent, il dessinait, tranquillement assis devant sa table. La baraque s'effondra sur lui, et tout autour de lui fut brisé.

Je le remis aux mains d'un infirmier, et courus

porter secours à d'autres victimes. L'un avait la poitrine enfoncée, l'autre l'œil abîmé par un éclat de bombe; un troisième montrait en pleurant son bras fracassé, ses chairs saignantes. Nous cherchâmes avant tout à caser les plus grièvement blessés, à seconder les chirurgiens occupés à faire les premiers pansements. — Quel coup d'œil offrait l'ambulance, ce soir-là! Les malheureux, au nombre de quatre cents, gisaient comme anéantis sur le sol, et l'on avait peine à s'expliquer comment ils étaient sortis vivants d'un pareil désastre.

Nous rentrâmes à demi morts de fatigue, au milieu de la nuit, nous disposant à retourner, dès le lendemain matin, sur le lieu du sinistre. Par bonheur le mal était moins grand que tout d'abord on avait pu le supposer. Les blessures graves étaient relativement rares, et peu de blessés moururent. En revanche, l'horrible secousse rendit beaucoup de personnes malades. D'autres, par contre, lui durent leur guérison. Un jeune homme fut sauvé d'une manière presque miraculeuse. «J'étais au milieu des décombres, nous dit-il, comme un homme enterré vif; une lourde poutre reposait transversalement sur ma poitrine, et je crus étouffer; voici qu'une bombe arrive et tombe sur cette poutre; la poutre me sert de bouclier, et je suis préservé de la mort.» Un autre avait le typhus; une poutre lui casse la jambe droite; mais immédiatement la fièvre cesse, et le jeune homme, déjà abandonné par le médecin, ne tarde pas à se rétablir. Cette cure extraordinaire surprit tout le monde, et l'on en parla longtemps.

La nuit même du 15 novembre, une forte tempête et des torrents de pluie mirent promptement fin au bel automne dont nous avions joui si longtemps. Peu de jours après, la neige tombait à gros flocons sur la campagne désolée, et nous apprîmes ce qu'est un hiver russe. Ce n'était pas là le joyeux et rude camarade que notre jeunesse salue de cris d'allégresse, quand il revêt son vêtement blanc, et qu'elle accueille avec un redoublement d'enthousiasme quand il jette ses ponts de glace sur ruisseaux et rivières, peine qu'il ne se donne pas tous les ans, au grand chagrin des vaillants patineurs.

Les inondations dont nous fûmes victimes n'épargnèrent pas les ambulances, et néanmoins ce ne fut là qu'un avant-goût de souffrances autrement cruelles.

La nuit du 18 décembre, un vent glacial nous réveilla; bientôt nos domestiques envahirent notre chambre, déclarant qu'on ne pouvait rester dans la cuisine. Le fait est que nos provisions étaient gelées; l'huile, le vin, le vinaigre étaient réduits à l'état de glace dans les bouteilles brisées; les pommes et les pommes de terre étaient dures comme la pierre; nos bottes mêmes inflexibles, et nous ne pûmes les mettre qu'après les avoir préalablement fait ramollir à la chaleur du poêle. Nous laissâmes les domestiques se réchauffer; mais finalement, comme ils ne se décidaient point à quitter la place, nous fûmes obligés de les gronder énergiquement, de leur tirer les mains des poches et de les renvoyer, leur enjoignant de préparer nos vêtements pour le départ, et de seller nos chevaux. «Vous gèlerez debout, nous disaient-ils, si vous sortez ce matin; ni homme ni cheval ne peut tenir contre ce froid infernal! Quoi, aller à cheval, quand il y a de la neige haut comme la maison! — Restez chez vous, Monsieur le pasteur.» Ces observations bien intentionnées demeurèrent naturellement sans effet. Nous réitérâmes nos ordres. Les domestiques sellèrent nos chevaux en branlant la tête et en soufflant dans leurs doigts; bientôt nous fûmes en selle, mais à deux pas de la maison, le vent du nord s'éleva avec une force telle que nous en perdîmes la vue et l'ouïe. Il ne fallait pas, dans le fait, songer à sortir à cheval.

Nous nous empressâmes de tourner bride; nos

ordonnances nous reçurent avec une mine triomphante. «Nous vous l'avions bien dit», disaient leurs quatre figures. Mais leur triomphe fut de courte durée; nous prîmes nos manteaux et nous acheminâmes à pied vers les ambulances, en pataugeant dans la neige profonde, où nous enfoncions par places jusqu'aux genoux. Le vent, piquant et glacial, nous coupait la figure; les joues et le nez étaient brûlants, en dépit du capuchon. Mais qu'était-ce en comparaison du spectacle qui nous attendait! Sans doute, dans les baraques, le mal était supportable : les malades et les infirmiers, chargés du soin d'entretenir les petits poêles, s'arrangeaient de façon à ne point avoir à souffrir du froid; par contre, quel aspect sous les tentes, entièrement exposées au froid et où il ne pouvait être question de faire du feu! Là gisaient des malheureux, malades du scorbut ou de la fièvre, couverts de deux pouces de givre, ne cachant qu'à grand'peine leurs membres glacés sous les minces couvertures de leurs grabats. Des larmes et des cris de douleur m'accueillirent à mon entrée dans chacune de ces tentes : «Monsieur le pasteur, voyez mes mains, mes pieds gelés! Monsieur l'aumônier, priez pour moi, mais réchauffez-moi d'abord, si vous pouvez!» Ainsi gémissaient des hommes qui cent fois avaient affronté les plus grands dangers et ne connaissaient point la peur.

J'avoue que devant un tel spectacle ma fermeté m'abandonna. J'avais conservé mon sang-froid en présence des maladies les plus repoussantes, des plus horribles blessures. Ces cris de détresse me bouleversèrent et j'eus peine à retenir mes larmes.

Je m'assis auprès de ces malheureux, sur les nattes de paille qui leur servaient de couche et seules les séparaient de la terre nue ; je pris leurs pauvres mains glacées dans les miennes, et, cherchant à les réchauffer sur ma poitrine, je leur parlai de la patrie terrestre, que, peut-être, il leur serait donné de revoir, puis de l'autre patrie, où le soleil ne cesse de luire, où toutes les souffrances s'arrêtent, où le Sauveur ouvre ses bras à ceux qui l'aiment. Et presque partout il me fut donné de voir le désespoir faire place à une douleur silencieuse, les murmures impuissants se changer en une résignation muette. La plupart se recouchaient silencieusement sur leurs grabats et mouraient sans se plaindre.

Ceux qui gisaient malades sous les tentes, ne survécurent qu'en très-petit nombre à ces horribles journées de décembre, pendant lesquelles le froid fit descendre le baromètre à vingt degrés Réaumur au-dessous de zéro. Cette température, grâce à Dieu, cessa bientôt; cependant celle qui lui succéda suffisait amplement pour nous faire connaître les rigueurs d'un hiver russe. Moins que jamais, en ce temps, nous n'eussions voulu restreindre le nombre de nos visites. Quand, après une course pénible, nous étions parvenus à traverser la neige épaisse et à ouvrir les lourdes fermetures des tentes, les pauvres malades nous accueillaient avec des cris de joie, et semblaient reprendre courage.

« 20 décembre 1855.

« Hier, j'ai accompagné un chirurgien qui allait d'une tente à l'autre et amputait les membres gelés, et j'ai passé ma journée à tenir la tête aux pauvres malades pendant qu'on leur coupait les doigts ou la jambe dévorés par la gangrène. J'ai retrouvé aujourd'hui ces malheureux amputés dans une baraque où leur situation était plus supportable, et ils me regardaient avec des yeux pleins de reconnaissance, quand, m'agenouillant auprès de leur lit, je prononçais les prières qui devaient les préparer à la mort. Souvent un regard levé vers le Ciel, le simple signe de la croix suffisaient à calmer leurs âmes lasses de souffrir. La grandeur de ces misères ôte toute idée de s'enquérir s'ils sont protestants ou catholiques; je me borne, en entrant, à dire qui je suis et qui je sers, et pour tous je ne veux être que le ministre du Sauveur qui appelle à lui les âmes chargées et fatiguées.

C'est ainsi que nous inaugurâmes l'Avent en Crimée et que nous nous préparâmes à la fête de Noël.

Ce jour, chez nous si joyeusement fêté, devait aussi devenir un jour de réjouissance pour notre paroisse militaire et pour ses aumôniers. Depuis longtemps nous avions conçu le projet d'arranger un arbre de Noël, projet d'autant plus ambitieux que nous ne savions comment nous procurer le sapin nécessaire. Le pays était complétement dénudé à plusieurs lieues à la ronde, et l'on n'y voyait pas trace de verdure. Malgré ces obstacles, nous poursuivions nos petits préparatifs, employant nos rares loisirs à argenter des noix et des pommes. Le papier d'étain de notre chocolat nous fournissait les matériaux nécessaires pour cette opération, et nous avions trouvé moyen de nous procurer des citrons, des oranges, et autres friandises. L'arbre, il est vrai, manquait, et nous allions nous voir forcés de renoncer à notre projet, lorsque, peu avant la fête, un fourgon d'artillerie s'arrêta bruyamment devant notre logis. Qu'on imagine notre joie en voyant les braves troupiers décharger devant notre porte du bois à brûler et deux genévriers verdoyants! Ceux-là seuls de nos lecteurs qui, comme nous, se sont souvent couchés de bonne heure ou levés tard pour épargner le bois, comprendront notre reconnaissance en recevant ce cadeau. Les beaux arbres verts nous firent un plaisir au moins égal. Nous y vîmes un gage de la bonté de Dieu, une preuve de sa sollicitude paternelle. Le donateur était notre excellent ami le baron de Berkheim, qui mettait tant d'empressement à nous être agréable.

Quelques semaines auparavant, me trouvant à dîner chez lui, j'avais parlé des fêtes prochaines, et manifesté le regret de ne pouvoir arranger un *Arbre de Noël.* M. de Berkheim partagea ce regret, et, reprenant mon idée, en expliqua l'objet aux officiers réunis à sa table. La plupart d'entre eux ignoraient cette coutume: «Cela doit être charmant, dit un de ces messieurs; mais pour avoir un sapin, il faudrait aller l'enlever à la barbe des Cosaques, car ils surveillent attentivement leurs forêts.»

Nous avions depuis longtemps oublié et cet entretien et le sapin, quand cette surprise nous fut faite. Un jeune capitaine avait, aidé de ses braves artilleurs, enlevé ce magnifique butin au nez des Cosaques, dans la vallée de Baïdar. Les soldats chargés de l'expédition avaient l'air radieux, et nous les invitâmes tous, ainsi que leur capitaine, à assister à la fête; le généreux chef d'escadron se trouvait invité de droit, et en premier lieu.

Nous allions donc célébrer la fête de Noël dans notre pauvre cabane. Ce vert feuillage dont nous étions privés depuis si longtemps, était par lui-même une joie; que serait-ce quand il rayonnerait sous l'éclat des bougies? Cependant il s'agissait de se procurer ces bougies. La veille de la fête, au soir, nous nous rendîmes, Babut à Balaclava et moi à Kamiesch, fermement résolus à piller ces villes en l'honneur de notre fête. Leurs surnoms, peut-être mérités, de *Coquinville* et de *Fripon City*, ne nous retenaient point. Nous y trouvâmes toutes sortes de présents utiles pour nos commensaux et amis. Mais point de bougies. Enfin, le propriétaire de l'une des dernières boutiques se souvint que, l'année précédente, il avait vu parmi ses marchandises un paquet de petites bougies. Je le regardai patiemment bouleverser son magasin. Enfin le bienheureux paquet se retrouva, et je me disposais à payer, quand le brave homme fit un geste de refus : « Permettez-moi, me dit-il, de vous les offrir. » Ce trait de générosité me toucha beaucoup, et j'en conclus que l'on avait peut-être un peu calomnié la population de Kamiesch.

Je rentrai à la maison, muni de mes trésors, tenant d'une main soigneuse surtout une serviette remplie d'œufs frais, friandise rare en ce pays et à ce moment.

A la nuit tombante, mon cher collègue rentra comme moi chargé de trésors, et nous nous hâtâmes de parer notre arbre de Noël. Nous ne pouvions pas, sans doute, nous acquitter de ce travail aussi bien que le faisait notre mère, mais en somme, pourtant, nous fûmes très-satisfaits de notre œuvre. Nos hôtes arrivés, nous allumâmes les bougies et appelâmes nos ordonnances; ceux-ci, tout ébahis de ce spectacle nouveau pour eux, se rangèrent silencieusement dans le fond de la chambre et contemplèrent l'arbre de Noël avec de grands yeux étonnés. Au dehors, on voyait briller des yeux curieux; la lumière inusitée qui éclairait le presbytère avait attiré un grand nombre de soldats.

Étions-nous coupables, si, songeant à nos parents, peut-être occupés aux mêmes apprêts, quelques pensées tristes vinrent se mêler à notre joie? Pourtant ces pensées, je dois le dire, étaient dominées par un sentiment de vive reconnaissance au souvenir de toutes les grâces dont Dieu nous avait comblés, nous, comme tous ses enfants, en cette fête suprême de la chrétienté!

Nous demeurâmes, le reste de la soirée, plongés dans une causerie intime; puis, je détachai, pour chacun de nos amis, une branche du *Christbaum*[1], avec sa parure; ils voulaient la garder et la rapporter, en guise de souvenir, dans leur famille.

Nous célébrâmes, le jour de Noël, un service divin en français; puis nous allumâmes derechef notre arbre, à la grande joie de tous nos amis venus pour assister au culte.

La fin de l'année nous apporta une nouvelle surprise: nos propres étrennes, préparées par des mains chéries. Le courrier, en retard de plusieurs jours, arriva le soir même du 31 décembre; chacun de nous reçut une grande caisse pleine d'objets bien précieux pour nous. Le déballage de ces trésors termina notre fête de Noël; nos domestiques, attirés par la curiosité, se dressaient sur la pointe

1. Terme allemand qui signifie : arbre de Noël.

des pieds pour mieux voir; nous les fîmes largement participer aux magnificences que nous venions de recevoir. Le *Christbaum* les éclairait de ses derniers rayonnements. Livres, vêtements, vaisselle, provisions sortaient tour à tour du foin odorant; quel bonheur que de déballer tout cela! C'étaient des provisions pour regarnir l'office vide, une lampe pour éclairer notre table de travail.

Chère petite lampe! c'est à sa lueur que j'écris aujourd'hui ces lignes, et mes pensées se reportent avec émotion au soir de la Saint-Sylvestre de l'année 1855. Le présent s'évanouit, et au lieu des joyeux visages d'enfants qui entourent ma table, je revois en face de moi mon bien-aimé Babut, enveloppé dans sa large *criméenne;* ma joie se reflète sur sa figure, et nous nous mettons à faire la revue de ces trésors, qui serviront à réconforter tant de pauvres malades. Et ces beaux livres! Comme ils abrégeront nos longues soirées d'hiver! Salut en Crimée, chers professeurs, vénérés maîtres de ma jeunesse! Quel bonheur, après une longue abstinence, de se retremper aux sources fécondes de votre science! — Salut, chers poëtes, salut Lamartine et Uhland, Geibel et Delavigne! Combien de fois la magie de vos chants n'a-t-elle pas illuminé la triste prose de ma vie militaire! Salut à vous, images amies, qui reproduisez de chères figures!

Mais, minuit est venu, et il nous faut aller gagner nos lits de camp. La nouvelle année a commencé dans le silence de la nuit d'hiver: que va-t-elle nous réserver?

CHAPITRE IX.

Les derniers mois au camp.

L'hiver russe se transforma, comme par enchantement, en un printemps délicieux; ce temps dura pendant la première quinzaine de janvier. Des brises tièdes soufflaient; le soleil était resplendissant, le ciel beau comme un ciel d'Italie. Malades et bien portants, chacun reprit courage, et l'on put se croire sauvé.

Tout faisait prévoir la fin prochaine de l'expédition, et l'on s'occupait plus que jamais de la paix. Toutefois, l'armée ne s'en préparait pas moins à prolonger son séjour en Crimée; on avait envoyé, de France et d'Angleterre, des semences de toute espèce, et les soldats s'adonnaient avec zèle à l'horticulture.

De charmantes plantations environnaient les habitations des officiers. Les jardins de Sébastopol fournissaient des amandiers, des rosiers, des acacias, bref, un choix de jolis arbustes; les braves jardiniers dévalisaient les forêts pour rapporter des arbres verts, pins ou genévriers. On les plantait par massifs autour des jardinets, et le quartier général, paré de ces enceintes verdoyantes, ne tarda pas à offrir un aspect fort agréable. Plus le péril avait été grand pour conquérir cette sorte de butin, plus nos soldats riaient en se livrant à leur pacifique travail. Au centre du camp, devant la baraque du maréchal commandant, une tour en bois servait maintenant de support à une grande horloge. On entendait, ce qui était une amélioration immense, sonner les heures; chacun, auparavant, avait dû régler sa montre au gré de son caprice. A Kamiesch et à Balaclava on construisait à force; il semblait que l'armée fût indéfiniment fixée en Crimée. Il y avait déjà deux églises dans chacune de ces villes, et, à Kamiesch, où se trouvait une population de dix mille âmes, on en construisait une troisième. En outre, une troupe de comédiens de Constantinople vint y donner, pour le plaisir des *mercanti* et des soldats, des représentations dans un théâtre récemment bâti; bref, on ne négligea rien de ce qui pouvait distraire les troupes et leur faire prendre patience.

Nous employâmes les premiers jours de la nouvelle année à faire nos visites aux généraux et officiers supérieurs; leur bienveillant accueil contribua beaucoup à nous encourager dans l'exercice de nos fonctions. On parlait, il est vrai, d'une paix prochaine; mais les Russes, postés de l'autre côté de la Tschernaya, ne cessaient de nous bombarder. Ils occupaient deux forts, appelés, par nos soldats, *Bilboquet* et *Gringalet.* Ces forts justifiaient fort bien leur surnom; ne faisaient de mal à personne, et ne menaçaient que les imprudents et les téméraires.

Un jour, nos visites aux officiers nous amenèrent dans le voisinage de la Tschernaya; impossible d'y arriver plus à point : on parlementait sur le pont, et les batteries chômaient, de sorte que nous pûmes avancer jusqu'aux rives du fleuve.

Le paysage, à cet endroit, est magnifique; les flots coulaient à nos pieds avec un doux murmure, s'enfuyant vers la mer Noire. De l'autre côté s'étendaient les plaines de Traktir, de sanglante mémoire; dans le fond s'élevaient les montagnes de Makenzie sur lesquelles les Russes avaient dressé leurs tentes; à droite, le regard pénétrait dans une vallée romantique. C'est dans cette vallée, toute parée de ruines attestant la domination gênoise, que campaient les Piémontais. Plus loin encore se déroulait la vallée de Baïdar, avec ses épaisses forêts éternellement vertes, que traversent les eaux rapides du fleuve.

Ce délicieux paysage, animé par l'haleine du printemps et éclairé par un ciel d'azur, était bien propre à éveiller des idées pacifiques. Russes et Français avaient l'air de s'entretenir là-bas en bons amis, et comme s'ils n'avaient jamais échangé une balle.

Mais la convention était conclue; une dame russe, à la tournure distinguée, se disposait à franchir le pont, respectueusement conduite par un officier français. Sur l'autre rive se tenait un colonel russe; il la reçut des mains du Français et la conduisit vers une voiture préparée d'avance. Cette dame était la femme d'un général, et, par suite de sa mauvaise santé, elle avait obtenu la permission de rester au monastère Saint-Georges, en attendant qu'elle pût supporter le voyage. Combien elle devait être heureuse de voir cesser son exil et de retourner auprès des siens! — Mais nos âmes étaient douloureusement affectées par la vue de tous ces officiers français et russes qui tout à l'heure allaient tirer avec acharnement les uns sur les autres, et maintenant s'entr'offraient des cigares, se montrant en apparence les meilleurs amis du monde!

A peine étions-nous parvenus au quartier général, que la canonnade reprit de plus belle. Le fait était d'autant plus regrettable, que, ce jour même, 16 janvier, on avait entamé des négociations sérieuses. Le gouvernement russe avait, disait-on, accepté l'Autriche comme intermédiaire. Le télégraphe en apporta immédiatement la nouvelle, et l'on devine avec quelle joie nous accueillîmes ces espérances de paix[1].

Pourtant l'armée n'osait s'y livrer. Le canon ne cessait de gronder sur les rives de la Tschernaya, et nos soldats disaient avec une amère ironie : «Entendez-vous? Ce sont les Russes qui signent la paix.» D'ailleurs, nous le savions, l'heure de la délivrance n'était pas près de sonner pour nous, et nous ne pouvions songer au départ avant l'embarquement du dernier de nos soldats. Le temps ne tarda pas à changer. L'hiver, après une courte trêve, reprit bientôt tous ses droits et mit rapidement terme à ce printemps hâtif. L'âpre vent du nord nous ramena la neige et toutes les souffrances

---

1. Les négociations se prolongèrent jusqu'au 1er mars, jour où un armistice général fut signé. La paix fut conclue le 31 mars.

dont j'ai parlé plus haut. De nouvelles misères vinrent s'adjoindre aux anciennes et porter le découragement dans le camp.

Une maladie terrible, le scorbut, avait, dès le début de l'hiver, atteint bon nombre de nos soldats. Cette maladie s'annonce par des douleurs dans la bouche; les gencives se corrompent; le corps se couvre de taches noires; enfin, la poitrine se tuméfie, le sang s'altère, et le malade succombe sous un affaiblissement graduel. L'humidité des habitations, l'usage des viandes fortement salées et l'absence de toute nourriture rafraîchissante, produisent cette maladie. Un régime et un logement plus sains en préservent ordinairement les officiers. Le plus sûr moyen de guérison est le changement d'air: aussi dirigeait-on les malades atteints du scorbut sur Constantinople, et, quelquefois, ils y arrivaient guéris.

Cependant nos soldats eurent bientôt à lutter contre un ennemi autrement terrible, le typhus d'hôpital, maladie que rien ne guérit, et contre laquelle on ne connaît aucun préservatif. Nous n'en avions eu jusque-là que quelques cas isolés; mais l'épidémie fit de nombreux progrès vers le milieu de janvier, et ne tarda pas à atteindre presque toutes les divisions. Les bestiaux destinés à l'approvisionnement de l'armée, déjà affaiblis par la traversée, en furent rapidement frappés, de sorte qu'il ne resta plus aucun moyen de se procurer une nourriture substantielle, et par conséquent saine.

Nos fonctions devenaient de jour en jour plus sérieuses; nous partions, l'esprit rempli de pensées de mort, nous demandant si ce ne serait pas là notre dernière course, et si, revenus au logis, nous n'y rapporterions pas le germe de la maladie. Voici ce que j'écrivais, à ce sujet, à mes parents au commencement de février :

« Sous une tente du 14e régiment de ligne, qui contenait douze hommes, tous ont été frappés en une nuit, à l'exception du caporal. Je trouvai ces onze malades à l'ambulance; deux jours après, quatre d'entre eux étaient morts, et les neuf autres, selon toute probabilité, vont les suivre. Nos collègues catholiques sont très-éprouvés; le chapelain en chef est très-embarrassé, cinq divisions manquant d'aumôniers. Quatre chapelains sont dangereusement malades; l'un d'eux a été administré hier, et j'ignore s'il vit encore. Hier nous avons, Babut et moi, écrit nos dernières volontés et échangé nos testaments. Pourtant nous ne craignons rien; c'est précisément en ces moments que nous sentons la grandeur de notre mission, et l'efficacité des promesses qui s'y rattachent. Et, grâce à Dieu, les fatigues n'altèrent point, jusqu'à présent, notre santé, et nous ne nous sommes jamais sentis plus forts. Au reste, notre maison est bien exposée, sur une hauteur, et en butte à des courants d'air qui y entretiennent un air salubre. Cependant ce ne sont là que des garanties tout humaines et qui n'ont aucun poids auprès de Dieu. Lui seul fait vivre et fait mourir. Telle est la seule pensée fortifiante et qui doive nous préoccuper. »

C'est parmi les médecins et les infirmiers que le typhus fit le plus de victimes. La fatigue, le manque de soins et de sommeil les exposaient doublement au mal. Dans l'espace d'un mois, il fallut renouveler presque tout le personnel de santé, et chaque fois que j'entrais dans une ambulance, j'y trouvais de nouveaux infirmiers. — Les malades ne se succédaient pas moins vite sur leurs grabats; et tel qui entrait aujourd'hui légèrement indisposé à l'hospice, en sortait demain pour se diriger vers le cimetière.

Les chefs venaient chaque jour aux ambulances; et l'on ne négligeait rien de ce qui pouvait combattre l'épidémie.

Tout d'abord on abattit les ambulances empestées et on les inonda de chlore; de nouvelles tentes, de nouvelles baraques furent construites ailleurs, et l'on y transporta les malades atteints du typhus. Par un âpre vent du nord, on établissait des courants d'air pour purifier les ambulances, précaution utile sans doute, mais qui compliquait singulièrement le service auprès des malades.

Que d'amères douleurs, que de misères profondes! Le fléau lui-même de la guerre s'effaçait auprès de celui de la maladie. Là, la mort se présentait sous un aspect héroïque; ici, elle accomplissait silencieusement ses ravages sur un lit d'hôpital. Sans doute, c'était chose horrible dans une ambulance de tranchée que de voir rapporter les corps mutilés d'hommes tout à l'heure pleins de santé et de vie. Mais les nerfs surexcités par les bruits de la bataille devenaient moins sensibles à l'horreur des plaies. Les mourants eux-mêmes y puisaient une sorte d'exaltation fébrile et s'en allaient sans souffrir pour ainsi dire.

Quelle différence avec notre situation actuelle! Le découragement pesait sur tous les cœurs, et l'on évitait de prononcer jusqu'au nom de l'épidémie redoutable.

Ces soldats, naguère si vigoureux, étaient étendus aujourd'hui sur leurs lits, mornes, plongés dans une apathie profonde. Plus moyen de se faire entendre d'eux, de vaincre leur surdité effrayante. — Un jour, j'entrai dans une tente placée à l'écart et dont l'infirmier avait voulu m'empêcher de franchir le seuil. Là, j'aperçus un tableau horrible, et qui me rappela toutes les horreurs de la peste au moyen âge.

Les malheureux, couverts de pustules, étaient couchés sur des lits exhaussés. Leurs poitrines, tachées de bulbes bleuâtres, témoignaient de leur état désespéré, et plusieurs d'entre eux étaient à l'agonie. Leur regard était fixe, leurs lèvres noires exhalaient un air infect. Jamais je n'avais rien vu de pareil, même chez les cholériques. Ils ne comprenaient plus mes paroles; je ne pus que m'agenouiller, bénir ces moribonds et supplier Dieu de les faire participer aux bienfaits de la grâce.

Quelquefois la maladie se terminait brusquement, comme par un coup de foudre. Un jour, je lisais l'Évangile à l'un de mes malades. Après avoir terminé ma lecture, je m'agenouillai pour prier. Comme je voulais prendre sa main pour la joindre à la mienne, je la trouvai froide. Le pauvre garçon venait de mourir.

Rien de plus fréquent que ces morts subites chez des malades atteints du typhus.

Tel malade se croit guéri, fait son paquet, roule sa couverture, la jette sur ses épaules, et va jusqu'à la porte de la tente, où il tombe raide mort. Un autre, qui se promenait tout à l'heure en long et en large devant la tente, s'assied un instant pour se reposer, et ne rouvre plus les yeux. D'ordinaire, les malades demeurent plongés dans une sorte de léthargie. Nous en avons vu qui, la nuit, pendant leur sommeil, n'avaient pas senti la morsure des rats qui leur entamaient les doigts des mains et des pieds. Un mourant, se disaient tout bas les soldats, avait été mangé par les rats au point d'en être devenu méconnaissable. Un anéantissement total, une mort instantanée, font du typhus, d'ailleurs si contagieux, une des épidémies les plus terribles qui puissent envahir une armée.

Mais jetons un voile sur ces scènes de deuil. D'ailleurs, je risquerais de rencontrer des incrédules. On traiterait mes propos d'exagérés. Hélas, moi-même je croirais parfois avoir rêvé, si mes notes n'étaient là pour me convaincre.

Des tentes des moribonds nous passions au tombeau des officiers et des médecins qui succombaient en si grand nombre. Voici ce que je trouve au sujet du capitaine H..., fils d'un pasteur de l'Alsace :

«Pauvre jeune homme! Nous venons de l'enter-
«rer, et j'ai le regret de ne l'avoir point visité pen-
«dant sa maladie. Je ne le savais point malade,
«et la nouvelle de sa mort presque foudroyante
«m'a péniblement affecté.

«Son frère est venu me prier de faire le service.
«Le défunt emportait l'estime et l'affection de tous.
«Un long cortége d'amis suivait le cercueil, et la
«douleur se lisait sur tous les visages.

«Au moment où l'on descendit le cercueil dans
«la fosse, la musique militaire joua une marche
«funèbre. Tous les yeux se mouillèrent, et le frère
«du défunt, appuyé sur mon bras, s'écria d'une voix
«déchirante: «Mes parents, mes pauvres parents!»
«C'était navrant. Le vieux colonel du régiment
«sanglotait comme un enfant sous sa moustache
«grise, et sa douleur faisait pitié.»

Ces funérailles en Tauride me revinrent à l'esprit, quand j'assistai, il y a peu d'années et par une coïncidence fortuite, à l'enterrement du colonel. Celui-ci, plus heureux que le jeune capitaine, allait reposer dans le cimetière de sa ville natale. La bière recouverte des insignes militaires, le long cortége des soldats qui suivaient le fusil baissé, les lugubres roulements des tambours, et surtout la musique militaire jouant la même marche funèbre, tout me rappela le jour de deuil où j'avais vu le vieux et brave guerrier fondre en larmes auprès de la fosse béante du jeune capitaine. Je songeai au vaste cimétière d'Orient, aux innombrables tombes dont l'une porte le nom de Chardon, et l'autre celui de Babut, ces pasteurs qui ont payé de leur vie leur dévouement. Je pensai encore à la plaine azurée de Traktir, aux forts et beaux jeunes hommes qui y reposent, aux larmes qui ont coulé des yeux de leurs parents en songeant à ces tombes lointaines... et mes lèvres murmurèrent involontairement l'antique litanie :

« De la guerre et de l'effusion du sang, de la faim et de la peste, préserve-nous, Seigneur ! »

Oui, la faim et la peste, suites ordinaires de la guerre et de l'effusion du sang, planaient autour de nous comme des spectres menaçants. Les premiers jours de février ramenèrent un froid intense; les tourbillons de neige empêchaient le transport des provisions, et nous en étions réduits, pour toute nourriture, à une maigre portion de mauvaise viande. N'oublions pas l'effet du mauvais air, qui, joint à celui des émotions quotidiennes, acheva de nous abattre.

Je devais, ce jour-là, enterrer l'un de mes compatriotes. Le chemin n'était qu'une flaque d'eau; la fine neige, fouettée par le vent du nord, nous blessait comme une pluie de pointes d'aiguille. Je fus trempé de la tête aux pieds pendant que je prononçais mon discours. Le lendemain, une station de plusieurs heures entre de violents courants d'air à côté de poêles chauffés presqu'à blanc, me fit rentrer chez moi tout fiévreux. Je crus à un léger refroidissement, et ne me doutais guère que j'étais sérieusement malade. C'était la veille de mon jour de naissance, et j'écrivis le lendemain même à mes parents.

«Sans doute, leur disais-je, vous êtes loin de supposer que vos prières et vos vœux me trouveront étendu sur un lit de souffrance. Mais n'est-il pas dit dans l'évangile de ce jour: «Celui qui m'a «abattu, me relèvera»?—C'est avec confiance dans cette promesse que j'ai commencé une nouvelle année de ma vie, m'en remettant, pour le reste, aux mains du Seigneur. Il faisait très-froid avant-hier au soir, et j'éprouvai des frissons en rentrant. Pendant la nuit, je fus pris d'un violent mal de tête, accompagné d'une forte fièvre, et le lendemain je ne pus quitter le lit. Babut courut aussitôt chercher le médecin en chef; celui-ci vint immédiatement et déclara que mon malaise, dû à un refroidissement, ne devait point être négligé. Il ordonna le repos absolu et une tisane amère. Aujourd'hui je vais mieux, et j'espère, avec l'aide de Dieu, avoir échappé au danger.

«Mais laissez-moi vous conter quelque chose concernant mon jour de naissance.

«Je ne sais comment Babut avait trouvé moyen de se procurer cette date; mais pendant que je le croyais assis auprès du poêle (il souffrait depuis deux jours d'un violent rhume de cerveau), il était monté à cheval et avait profité de mon absence pour courir à Kamiesch et acheter une foule de jolis présents. Trois minutes avant mon retour, il rentre, s'enfonce gravement dans sa lecture; je m'aperçois immédiatement qu'il s'est passé quelque chose et le plaisante sur les progrès qu'il a faits dans son livre (il en était encore à la même page qu'au matin). Je le vis rougir, et le grondai vivement d'avoir fait, en cet état, des visites aux malades; car j'étais loin de soupçonner la vérité.

«Hier matin, toutefois, tout se découvrit. J'étais en proie aux misères causées par l'ipécacuanha. Tout à coup les domestiques entrent m'offrir leurs souhaits, et mon cher collègue s'avance, souriant et muni d'une foule d'aimables surprises. Malgré mon état de faiblesse, je sentis vivement la valeur de ces preuves d'affection, et regrettai qu'une indisposition doublement intempestive vînt lui gâter son plaisir. Mais ce n'est que partie remise, s'il plaît à Dieu; et nous rattraperons cela. Dieu veuille que ce soit bientôt! Il m'est bien pénible, croyez-le, de demeurer au logis à me soigner, tandis que mon pauvre ami remplit à lui seul la tâche de deux hommes.»

Mon état s'améliora pendant le jour, mais le soir la fièvre revint; et le lendemain matin, à mon vif regret, le médecin déclara qu'il me fallait immédiatement quitter le camp et partir pour Constantinople. Rien ne pouvait me chagriner davantage. Toutefois je me plus à espérer que ce ne serait qu'une courte absence et que je reviendrais pour les fêtes de Pâques.

Nous passâmes une dernière soirée réunis dans notre presbytère; Babut fit la prière du soir et me recommanda à la toute-puissante protection du Seigneur. J'étais loin de me douter que cette réunion serait la dernière.

CHAPITRE X.

A Constantinople.

Le 1er mars, au matin, un soleil éclatant illuminait les plaines couvertes de neige. On me tira de mon lit, m'habilla, et l'un de nos braves domestiques me plaça dans la voiture d'ambulance qui devait me conduire à Kamiesch.

Babut devait m'accompagner jusque-là. Il ne m'est resté qu'un souvenir confus de ce voyage. Je me souviens seulement que, violemment secoué par la voiture, je fis presque tout le trajet dans les bras de mon ami. Arrivés à Kamiesch, il m'aida à descendre du fourgon et me porta, plutôt qu'il ne me conduisit, à bord du bâtiment où je devais m'embarquer.

Ce navire, un bâtiment anglais, appelé l'*European*, allait partir pour Constantinople, chargé de deux cents malades atteints du typhus. Babut me plaça sur un lit, puis me dit affectueusement «au revoir!» Il repartit et me confia, morne, presque sans connaissance, aux soins d'un jeune cadet de marine anglais; celui-ci se montra très-bon envers moi, et m'entoura de prévenances.

La traversée, qui d'ailleurs fut heureuse, dura trente-six heures. Nous débarquâmes devant la ville. Je n'avais pas la force de monter à cheval, et, faute de fiacre, je dus, pouvant à peine me traîner, gravir la rude montée qui mène du faubourg de Tophane à celui de Péra. J'avisai un ***Hamal*** (portefaix) qui se chargea de mes paquets et prit rapidement les devants. Bientôt il s'aperçut que je ne pouvais le suivre, et comme je m'arrêtais pour reprendre haleine, il me regarda avec intérêt. «*No bono didone*[1]», lui dis-je en montrant ma poitrine. «*No bono didone!*» reprit-il d'un son de voix compatissant. «*Sewastopol*», dis-je. «*O Sewastopol! bono, bono didone*», répliqua-t-il avec un regard de reconnaissance. L'homme, par ces quelques mots, avait compris que j'avais sacrifié ma santé pour l'affranchissement de son pays et cherchait à m'en exprimer sa reconnaissance; notre

---

1. Les Turcs nous appelaient «Didone», à cause du mot «Dis donc» qu'ils avaient souvent entendu dans la bouche des Français.

dialogue continua à peu près sur le même ton jusqu'à l'entrée de l'*Hôtel des Ambassadeurs*, celui-là même où les aumôniers protestants avaient coutume de descendre.

Je n'y demeurai que quelques jours, préférant aller occuper une chambre à l'hôpital protestant, dirigé par les diaconesses.

Quel bonheur de rencontrer, si loin de la France, des diaconesses évangéliques et de respirer sous leur toit les bienfaisantes effluves de la charité chrétienne! Je crus un moment avoir retrouvé ma mère, quand me couchant sur ce lit moelleux et propre, je me sentis l'objet de ces soins intelligents qu'une femme seule sait donner. Malgré leur bon vouloir, mes fidèles soldats avaient souvent fait les choses de travers, et leurs soins, d'ailleurs si bien intentionnés, n'avaient pas été sans mettre ma patience à l'épreuve.

L'hôpital évangélique existait depuis douze ans environ. (Depuis, il s'est considérablement augmenté et continue à prospérer.) Sa fondation est due au Pasteur Major, l'un des premiers aumôniers de l'ambassade de Prusse. Il avait été secondé par tout ce qui se trouvait d'Allemands et de protestants à Constantinople, et l'établissement a réussi au delà de toute attente.

Le docteur Blau, consul prussien (aujourd'hui ministre résidant à Tiflis), et avec lui un négociant allemand, M. Schneider, y consacrèrent, de concert avec M. Pichon, pasteur protestant, tous leurs loisirs, et ne négligèrent rien pour en assurer la durée.

La maison, à ce moment encore très-petite, pouvait à peine recevoir vingt-quatre personnes. Un petit jardin qui avait vue sur les rives enchantées du Bosphore, permettait aux malades de prendre de l'exercice en plein air; j'y descendais souvent, car ma chambre, assez petite, donnait sur une ruelle étroite, et était attristée par le proche voisinage d'un mur.

Mais par-dessus l'étroit espace s'étendait le vif azur d'un ciel oriental, et je respirais les fraîches émanations du printemps prêt à renaître. Pourtant le temps avait peine à se remettre. Il fit très-froid pendant la plus grande partie du mois de mars, et même un jour la neige, chose extraordinaire en pareille saison, ne fondit qu'au bout de vingt-quatre heures. Cependant l'air était tout autre qu'en Crimée, et l'on se sentait renaître rien qu'à le respirer.

Pendant toute la durée de la guerre, la petite maisonnette était comble, et je ne pouvais me lasser d'admirer l'énergie et le courage des dignes sœurs préposées à notre garde.

« Péra, le 9 mars 1856.

« Nous voyons rarement la supérieure; elle passe la plus grande partie de son temps à la pharmacie, occupée à préparer des médicaments. La sœur Marguerite, plus spécialement chargée des malades, fait songer au personnage de Marthe dans l'Évangile. Une Marthe, toutefois, qui ne néglige point la part de Marie, et n'oublie point le but suprême pour les détails de la vie. La voix sonore et charmante d'une troisième sœur résonne ainsi qu'une musique céleste à travers la maison, et, quand elle chante nos cantiques, éveille en moi un monde de doux souvenirs. Uniforme comme le peut paraître ma vie, elle ne me déplaît point, et, depuis trois semaines que je suis ici, je n'ai pas encore ressenti une minute d'ennui. Je trouve beaucoup d'intérêt dans la conversation d'un missionnaire écossais, avec qui je partage ma chambre. »

La médaille n'en avait pas moins son revers. Les minces cloisons donnaient passage aux moindres bruits; et les gémissements des malades placés dans d'autres chambres me rappelaient les ambulances de la Crimée. J'étais entouré de gens qui avaient le délire. A deux pas de moi, un israélite s'imaginait qu'on lui prenait son argent; un autre appelait sa mère; d'autres encore passaient leurs nuits à divaguer et à hurler. On imagine si je dormais bien : aussi ne pensais-je qu'à guérir, afin de retourner le plus tôt possible en Crimée. Les lettres de mon cher collègue contribuaient encore à accroître ce désir. Mais les médecins ne voulaient point entendre parler de départ. Il n'y fallait pas songer, à leur dire, et je n'eus qu'à baisser la tête et à me soumettre.

Les premières lettres de Babut me parurent écrites avec beaucoup d'entrain. Il m'exhortait à la patience, et s'efforçait de me prouver combien peu ma présence était nécessaire à l'armée. Voici ce qu'il m'écrivait, le dimanche qui suivit mon départ :

« Te voilà donc en mer, mon cher ami, et chaque coup de vague t'éloigne de ta maisonnette et de ton camarade fidèle! Je vois d'ici ta cabine, le lit étroit et dur. Tu appelles le domestique, qui ne vient pas; tu souffres, et personne n'est là pour venir à ton aide. Pour comble de misère, sans doute, tu es environné de gens comme toi souffrants, ayant comme toi le mal de mer. Je me console de tout ceci, en me disant que tu approches du terme de ton voyage et que quelques jours de soins et de repos complet suffiront pour te remettre. Ne songe pas, toutefois, à quitter Constantinople avant d'être complétement rétabli. Je crois t'entendre me dire : « Mais mon service, mais toi-« même ! » Eh, mon ami, mieux tu te porteras, mieux tu seras en état de me soulager à ton retour. Ne te préoccupe pas de mon isolement. Je suis depuis longtemps accoutumé à vivre seul, et tâcherai de m'arranger de façon à ne point m'ennuyer.

« Tu connais mes talents d'anachorète, mais, entre nous, j'ai pourtant eu quelque peine à m'accoutumer à ton absence. Vraiment ; ma propre société ne me suffisait plus ; j'ai compris qu'il n'était pas indifférent de vivre avec ou sans ami. Plus d'une fois même, il m'est arrivé de ne savoir quoi faire de mon aimable personne, à quoi employer mon temps. Le travail, le travail énergique et incessant, voilà le seul remède à des embarras pareils. »

Un temps épouvantable, et qui l'empêchait de sortir, aggravait encore pour lui les ennuis de la solitude.

« Nous avons un pied de neige, m'écrivait-il quelques jours plus tard, et un froid de dix degrés. Cela m'arrêterait peu, robuste comme je le suis; — mais les chemins sont effondrés et il y a impossibilité absolue de s'en tirer. Hier, à peine sorti, j'ai dû rebrousser chemin et rentrer. Interrompre mes visites aux ambulances, c'est là ce qui me chagrine le plus. Il faut à présent que je te dise bonsoir, car il fait froid et nous n'avons plus de charbons. Par bonheur tu n'es pas là, et je vais pouvoir ajouter ta couverture à la mienne.»

Une autre fois, il écrivait:

«Tu vas dire que je ne t'écris que pour te tenir au courant des variations atmosphériques, mais tu sais, comme moi, que ce n'est pas chose indifférente en ce pays. Depuis cinq jours, recrudescence de froid, tempêtes et verglas, horribles rafales de neige; bref, un temps de décembre. Par conséquent, ni bois, ni charbon; impossible de visiter les malades, et — ce qui m'est le plus pénible — pas de courrier, pas un mot de nouvelles de la maison, ni de toi!

«Je rends grâces à Dieu de te savoir loin d'ici, hors de portée de cet hiver sibérien, et bientôt en état de venir me trouver.»

Le temps n'était guère meilleur à Constantinople. Le vent soufflait avec violence, et les nouvelles du camp nous arrivaient avec une lenteur extrême.

La semaine sainte approcha, sans qu'il fût possible de songer au retour. Ma convalescence n'avançait que lentement, et toute imprudence pouvait amener une rechute. A peine, d'ailleurs, si je trouvais la force de marcher.

Je m'étais fait une fête de célébrer le dimanche de Pâques réuni à mon ami. Il fallut renoncer à ce projet, abandonner l'idée de prêcher ce jour-là devant mes chères ouailles. Mais le Seigneur me réservait un sacrifice autrement pénible.

Le dimanche des Rameaux je reçus une lettre de Babut. Il m'écrivait, comme d'ordinaire, avec gaieté, me racontant, de ce ton humoristique qui lui était propre, les moindres événements de sa vie.

«Hier, me disait-il, j'ai fait une bêtise; je suis allé, par un vent glacial, jusqu'à l'ambulance du Moulin; l'ouragan m'empêchait d'avancer. J'ai cru que je n'arriverais point. Quand je suis rentré, il faisait nuit. Je me suis couché, mais la fatigue m'a empêché de dormir, et ce matin je ne me suis levé qu'à neuf heures.»

L'inquiétude me prit et j'attendis impatiemment des nouvelles. Mes craintes n'étaient que trop fondées. La lettre suivante, tracée d'une main tremblante, m'annonça ce que je redoutais. Babut était malade. — Comme chez moi, l'insomnie, la fièvre, un abattement général, s'étaient manifestés à la suite d'un refroidissement et d'un excès de fatigue. Néanmoins mon ami cherchait à me tranquilliser, m'assurant que cela ne serait rien et se dissiperait en peu de jours. Un de nos collègues, chargé des grands hôpitaux de Constantinople, ne s'en prépara pas moins à partir immédiatement pour la Crimée. Mais le mauvais temps s'opposa au départ du paquebot, et c'est avec une angoisse mortelle que je vis arriver le lundi de Pâques, jour où notre collègue put enfin partir pour se rendre auprès de notre malade et l'envoyer à Constantinople.

Quelles journées d'angoisse! Je ne voyais plus que Babut malade, mourant isolé et sans secours, loin de tous ceux qui l'aimaient. Dès le premier moment je pressentis une catastrophe, et le crus perdu. Le sommeil me fuyait, et l'angoisse fiévreuse avec laquelle j'épiais l'arrivée du courrier, me causa une rechute à moi-même. Ma guérison s'en trouva fort retardée. Mais ma propre santé ne me préoccupait guère. Bien au contraire, je m'en voulais de recevoir ces soins que je ne pouvais lui procurer, de me sentir abrité par une bonne chambre, tandis que lui peut-être se mourait dans une misérable cabane. Et mes larmes coulaient en songeant aux murs humides, au vent glacial, aux mains rudes et maladroites qui le soignaient. Mon unique occupation, en ces jours de douleur, fut de lui faire préparer une chambre dans notre hôpital et de la pourvoir de tout ce qui pourrait l'égayer et lui faire plaisir. Je me rendais chaque jour à la poste pour voir s'il n'y avait point de lettres de Crimée. — Les dernières nouvelles avaient été meilleures. Le courage, ce trait dominant du caractère de Babut, avait résisté aux douleurs physiques, et la lettre écrite sous sa dictée portait encore des traces de verve.

«Je sais, disait-il plaisamment, que tu as coutume de voir les choses en noir, surtout quand je ne suis pas là pour te rendre raisonnable.»

Peu de jours après, une nouvelle lettre me prévint de son départ immédiat pour Constantinople; Babut, d'une main tremblante, avait ajouté ces mots presque illisibles : «L'isolement m'a souvent paru dur; mais maintenant c'est fini et je puis te dire : Au revoir! Que la paix divine soit avec toi et ton fidèle Henry!» — Que de fois ces simples paroles me sont revenues et m'ont fait verser des larmes!

Je courus annoncer aux sœurs la prochaine arrivée de mon collègue malade.

Dès le lendemain matin, je me rendis à la poste;

je n'y trouvai point de lettre pour moi, mais en revanche on m'en remit une d'une écriture qui m'était inconnue, et adressée à l'un de mes collègues.

Les mots «personnelle et pressée», tracés sur l'enveloppe, me remplirent d'effroi. Je courus, agité des plus tristes pressentiments, chez le destinataire de la lettre. Hélas, je n'en avais que trop deviné le contenu... mon ami avait cessé de vivre.

Au lieu de décrire ce triste événement, je me contenterai de citer la lettre de Marchal, le pieux fourrier qui s'était fait le serviteur et le garde-malade de mon ami. Voici en quels termes il m'annonça la catastrophe :

«CHER ET HONORÉ PASTEUR,

«Je sens ma douleur se renouveler en me disposant à vous donner des détails sur la fin de M. Babut. Mais le Seigneur me donnera la force de remplir votre désir.

«L'ami que nous regrettons n'a pas souffert longtemps. Il y a quinze jours, le sachant indisposé, j'allai le voir. Je le trouvai fatigué, un peu accablé, mais encore gai, et de joyeuse humeur. Ma visite parut lui faire plaisir. Il fit la prière du soir, comme d'ordinaire, puis, nous chantâmes et priâmes ensemble. J'allais le voir plusieurs fois par jour avec Coutelier, et le trouvais toujours faible et languissant, mais sans souffrances. La seule chose dont il se plaignît était un manque absolu d'appétit, circonstance à laquelle il attribuait sa faiblesse. Le 20 mars j'aperçus un changement dans l'état du malade; ses traits me parurent extraordinairement altérés. Il se sentait plus mal et me pria de rester auprès de lui. A partir de ce moment, je le veillai chaque nuit avec les ordonnances. Le lendemain, jour du Vendredi saint, le médecin déclara que M. Babut devait être transporté sans retard à Constantinople.

« Mais que pouvons-nous, faibles créatures, contre les insondables décrets de Dieu!

«Le Vendredi saint, M. Babut reçut la visite de vos amis. Le soir, je le trouvai dans son fauteuil; il m'accueillit avec sa bonté ordinaire et me dit: «Voyez, mon cher Marchal, comme Dieu est bon pour moi! Toute la journée j'ai vu des amis. Alors il voulut écrire et me dicta pour vous la lettre à laquelle il a, de sa main, ajouté les dernières lignes. Toute la nuit, il fut calme; je lui lus, à plusieurs reprises, des passages de la Parole de Dieu, et priai à haute voix avec lui et les ordonnances.

«Le samedi, l'état du malade empira beaucoup;

il se montrait agité, inquiet, ne pensait qu'à son voyage à Constantinople. Même il voulut se lever, faire ses paquets, et nous eûmes toutes les peines du monde à le retenir.

« Pourtant il n'avait pas perdu connaissance; vers le soir, il se calma et nous pria de le quitter, disant qu'il souhaitait rester seul, et dormir! Nous fondîmes en larmes et nous agenouillâmes auprès de son lit. Alors il se redressa et prononça cette prière :

« Seigneur, je suis à toi pour l'éternité! Donne-
« moi de t'être fidèle jusqu'à la mort. Bénis mon
« cher oncle Adolphe, qui souffre des maux plus
« grands que les miens; bénis ma mère et tous mes
« parents; bénis Reichard et sa famille; bénis
« Marchal et Coutelier! — Amen. »

« Nous quittâmes la chambre comme il le désirait, mais non sa porte. La nuit fut assez calme. Le matin du dimanche de Pâques, quand j'entrai chez le malade, il parut à peine me reconnaître et avait la langue embarrassée. Je lui lus quelques versets de la Bible; il parut écouter et répondit tout bas : Amen.

« Vers le soir, me trouvant seul avec lui, je lui demandai à plusieurs reprises s'il m'entendait. Mais il ne me répondit que par des sons indistincts et une sorte de sanglot convulsif. Je le pris dans mes bras, le couvrant de mes larmes et de mes prières. Vers le soir, d'horribles convulsions le prirent, et son agonie commença. Le colonel Hartung vint, accompagné du médecin; mais tout secours demeura vain. Peu d'heures après, notre tant regretté pasteur rendait le dernier soupir. Quel moment pour nous, Monsieur le Pasteur, et comme nous avons pleuré cette nuit-là!

« Pourquoi, Monsieur, faut-il que vous receviez ces détails par une plume inexpérimentée comme la mienne! Une prière : si vous écrivez aux parents de M. Babut, veuillez leur dire que ce n'est pas simplement pour accomplir un devoir, mais pour satisfaire à l'impulsion de notre cœur, que nous nous sommes faits, Coutelier et moi, les fidèles serviteurs de leur fils. La tâche que nous nous étions imposée nous honorait, et nous nous sentons heureux d'avoir pu contribuer à adoucir ses derniers moments.

« Le mardi, vers trois heures, nous avons déposé ses restes à côté de ceux de M. Chardon. L'aumônier anglais a fait le service, et le cercueil a été porté vers le cimetière, accompagné par plusieurs officiers de vos amis et un détachement de troupe. Que le Seigneur nous accorde, comme à lui, de travailler fidèlement à son œuvre! Peut-être, Monsieur le Pasteur, ne me sera-t-il plus donné de revoir vos traits ici-bas; mais le ciel nous réunira, et nous nous retrouverons dans la patrie commune où nous reverrons tous ceux qui ont suivi le Seigneur ici-bas! »

La lettre qui nous avait apporté d'abord cette nouvelle douloureuse, antérieure à celle qu'on vient de lire, était du colonel Hartung, l'un de nos meilleurs amis. L'excellent homme, craignant pour moi les suites d'une émotion pareille, avait mis mille ménagements à me l'annoncer. C'est lui qui avait conduit le deuil et s'était chargé des détails douloureux qu'entraîne un pareil événement.

Il ne me restait plus qu'à transmettre la fatale nouvelle à la mère de mon ami. Par bonheur, c'était une âme héroïque, mûrie dans la foi en Celui à qui, dès le berceau, elle avait consacré son enfant. Ma lettre lui parvint au moment même où l'on allait enterrer son frère. Et ce frère était Adolphe Monod, l'illustre prédicateur, vers la longue agonie duquel s'étaient reportées les dernières pensées de Babut! Quelle douleur pour cette noble famille! — mais quelles Pâques dans le ciel pour ces deux fidèles témoins du Seigneur!

La fin, comme le commencement de l'œuvre,

eut, on le voit, sa victime parmi les serviteurs de Christ. Chardon, le premier enlevé, succomba au typhus en mai 1855. Il mourut pendant les horreurs du siége et le tumulte de la guerre. Babut, un an plus tard, rendait le dernier soupir le jour même de Pâques, quand toute la chrétienté saluait avec joie la paix prochaine, quand autour de nous, dans les rues de Constantinople, retentissait partout le cri d'allégresse des Grecs : « Christ est ressuscité! »

Le pasteur Rœhrich, envoyé en Crimée pour ramener Babut, apprit sa mort en arrivant au quartier général. Un second aumônier alla bientôt rejoindre notre collègue. Leurs fonctions, grâce à Dieu, devenaient de plus en plus faciles.

Le 31 mars, la paix fut conclue; cette nouvelle, proclamée de toutes parts par les grondements du canon, produisit un effet magique sur l'armée. On procéda à l'embarquement des troupes, puis à celui de l'énorme matériel de guerre. Le temps s'améliorait de plus en plus, et, avec lui, la santé des convalescents. Campements et ambulances ne tardèrent point à disparaître; et le soldat s'apprêta avec bonheur à quitter ce sol imbibé de sang. — A la Pentecôte, notre successeur célébra une dernière fois la sainte Cène à notre chapelle du camp.

Son auditoire se composait de trente soldats. L'église fut démolie; puis l'aumônier, ayant tout fait emballer, ferma le presbytère, et en plaça la clef sous le seuil. Il put s'embarquer lui-même pour la France dans les premiers jours de juin.

Sa dernière œuvre en Crimée fut un témoignage de fraternité rendu aux collègues qui l'y avaient précédé. Il fit poser une pierre munie d'une inscription sur la tombe des deux aumôniers; celle de Chardon porte ces mots: « Christ est ma vie, et la mort m'est un gain »; celle de Babut, la belle parole: « Je suis la résurrection et la vie! Dimanche de Pâques 1856. »

C'est de la guerre d'Orient que date l'institution des aumôniers protestants dans l'armée française. Due à l'initiative des Églises réformée et luthérienne, elle s'est efforcée de ne jamais perdre de vue son but. Sans doute, elle avait à lutter contre de nombreux obstacles, et ce n'était pas chose facile que de la faire respecter au sein d'une armée, et parmi des chefs d'une confession différente de la nôtre. N'oublions pas que les protestants formaient à peine la trentième partie de l'armée et que leurs aumôniers eux-mêmes étaient pour la plupart jeunes et dépourvus d'expérience. Quoi qu'il en soit, les aumôniers ont acquis la confiance des autorités militaires, et les lettres adressées à ce sujet à nos supérieurs le prouvent de reste. Ce qui le prouve encore mieux, c'est l'institution officielle et définitive des aumôniers protestants pendant les guerres d'Italie, de Chine et du Mexique.

Disons encore que la plus sincère cordialité a toujours régné entre nous et nos collègues catholiques, et que nous prenions plaisir à nous rendre mutuellement service. L'accueil que nous avons reçu au sein de l'armée, a dépassé notre attente. A part de très-rares exceptions, nous n'avons qu'à nous louer des prévenances dont nous fûmes l'objet. Officiers et soldats, protestants et catholiques s'empressaient de nous être agréables. Notre présence faisait taire les propos grossiers, les têtes se découvraient devant nos prières. Partout, nous n'avons rencontré qu'affection et bienveillance; et un an de vie commune avec notre armée, image fidèle de la nation, nous a montré, une fois de plus, ce qu'il y a de vitalité dans le génie de notre peuple, et quels fruits admirables de foi et de charité il porte, partout où il est nourri de l'Évangile.

Ma convalescence fut lente, et je ne pus m'embarquer qu'au bout de trois mois. Cependant je ne regrette point cette prolongation de mon séjour à Constantinople. Elle me valut un riche trésor de souvenirs, et mainte relation intéressante et instructive. J'y ai appris à aimer l'Orient, et les jours que j'ai passés à Constantinople compteront toujours parmi les plus beaux de ma vie.

Chaque jour mes pensées et mes prières s'en retournent vers les rives du Bosphore. Puissé-je voir le moment béni où la croix remplacera le croissant sur la coupole de l'*Aja Sophia*, où les chrétiens adoreront dans le chœur de l'église le Christ, dont l'image s'y voile encore aujourd'hui sous les fausses dorures de l'islamisme!

TABLE DES MATIÈRES.

www.ingramcontent.com/pod-product-compliance
Ingram Content Group UK Ltd.
Pitfield, Milton Keynes, MK11 3LW, UK
UKHW020119200726
13856UKWH00002B/629

9 782011 775108